Jens Heisterkamp

Anthropoposophische Spiritualität

Jens Heisterkamp

Anthroposophische Spiritualität

Denken, Meditation und geistige Erfahrung bei Rudolf Steiner

Eine Einführung

Bibliographische Information der Deutschen Nationalbibliothek

Die Deutsche Nationalbibliothek verzeichnet diese Publikation in der Deutschen Nationalbibliographie; detaillierte bibliographische Daten sind im Internet über http://dnb.ddb.de abrufbar.

ISBN 978-3-95779-020-0

Erste Auflage 2014,

Zweite Auflage 2016

Info3-Verlag, Frankfurt am Main

Umschlagfoto und -gestaltung: Frank Schubert, Frankfurt am Main

Satz: Clarissa Heisterkamp

Autorenfoto: Silke Mondovits

Druck und Bindung: CPI Books, Leck

Dieser Titel ist auch als E-Book erhältlich

Inhalt

„Nicht ist die umfassendste Eigenschaft der Gottheit
die Allmacht, nicht die Allweisheit, sondern die Liebe,
die Eigenschaft, bei der keine Steigerung mehr möglich ist.
Gott ist voller Liebe, ist reine Liebe,
ist sozusagen aus der Substanz der Liebe geboren."

Rudolf Steiner, Erfahrungen des Übersinnlichen.
Vortrag vom 17. Dezember 1912.

Für Cristi, ohne die es dieses Buch nicht gäbe

Vorwort

Das vorliegende Buch ist zu einem großen Anteil Gesprächen mit Menschen zu verdanken, die lebhafte Fragen an die Anthroposophie haben.

Viele meiner Gesprächspartnerinnen und Gesprächspartner kennen zwar Anthroposophie als Lebenspraxis, ihnen sind also Waldorfpädagogik, komplementäre Medizin, Demeter-Landwirtschaft und Ethikbanken geläufig, von einer damit verbundenen inneren Praxis und Entwicklung haben sie aber oft noch nie gehört.

Das ist sicher nicht allein auf einen Mangel an Kenntnissen zurückzuführen, sondern spiegelt womöglich auch eine Realität in der sich auf Rudolf Steiner beziehenden Bewegung wider: Spirituelle Praxis, innere Übung und Meditation galten dort lange Zeit als etwas, das – wenn man es überhaupt praktizierte – eher stillschweigend vorausgesetzt wurde. Anders als der soziale und praktische Bereich, in dem Anthroposophen, ganz gleich ob man ihre Weltsicht teilt oder nicht, oft als vorbildlich gesehen werden, ist eine spezifische innere, gedanklich-spirituelle Kultur an Anthroposophen weitgehend unwahrnehmbar geblieben.

Das hat mehrere Gründe. Da ist zunächst die schon genannte Haltung, sich eher auf die anwendbare Praxis zu konzentrieren und die „innere Seite“ mehr dem persönlichen Gutdünken zu überlassen. Ein weiterer Grund liegt aber sicher auch darin, dass es gar nicht so einfach ist, eine Antwort auf die Frage zu geben, wie er denn eigentlich aussieht, der „typisch anthroposophische“ Weg innerer Entwicklung. Von Rudolf Steiner selbst gibt es dazu kein abschließendes „Kompendium“ und kein einzelnes erschöpfendes Werk, stattdessen aber eine kaum überschaubare Vielzahl einzelner Hinweise und ganz unterschiedlicher Ansätze – angefangen von Übungen in Alltagstugenden, mantrischen Sätzen und Sprüchen bis hin zu komplexen Anweisungen mit Texten, Atemübungen und inneren Bildern. Die folgenden Skizzen unternehmen daher den Versuch, aus den verschiedenen und teilweise auch sehr voneinander abweichenden Darstellungen Rudolf Steiners heraus Ansätze einer spirituellen Praxis der Anthroposophie aufzuzeigen. Auch worin der vielleicht spezifisch „anthroposophische Weg“ zu sehen wäre, soll deutlich werden. Dass dieser mit der Rolle des Denkens zu tun hat, ist nicht nur im Blick auf die unterschiedlichen spirituellen Strömungen der Moderne eine noch zu entdeckende Besonderheit, sondern würde auch innerhalb der anthroposophischen Bewegung selbst mehr Aufmerksamkeit verdienen. Gleichzeitig wird bei einer Annäherung deutlich, wie sehr Rudolf Steiner die Übereinstimmung mit wichtigen philosophischen und spirituellen Traditionen suchte und welche Nähe sein Ansatz zu manchen zeitgenössischen Ansätzen zeigt.

Rudolf Steiner hat von einem geistigen „Gesetz" gesprochen, wonach spirituelle Lehrer immer an Bestehendes anschließen, weil sie unter Berücksichtigung des Gewordenen den Strom des evolutionären Geistes weiterformen. Steiner selbst knüpfte insbesondere an Fichte, Schelling, Hegel und Goethe an, später bezog er auch die theosophischen Lehrerfiguren und die großen Gestalten der Weltreligionen ein. Die Zeit ist weiter gegangen, aber in der Nachfolge Steiners blieb man lange Zeit auf eine rein interne Rezeption und Auslegung seines Werkes fixiert. Aus der Schule Franz Brentanos, den Steiner überaus schätzte, gingen Husserl und Heidegger hervor, das Interesse von Anthroposophen an Philosophie hielt sich jedoch in Grenzen; neue spirituelle Lehrer traten auf, im Osten wirkte ein Sri Aurobindo und im Westen begannen Mystiker einer neuen Generation wie Eckart Tolle oder Andrew Cohen zu wirken, Ken Wilber unternahm einen neuen Anlauf im Zusammenbringen von Wissenschaft und Spiritualität, aber ein Brückenschlag zu diesen und anderen Ansätzen steht bisher noch in den Anfängen. So ist dieses Büchlein auch ein Versuch, gleichzeitig an die Wurzeln der spirituellen Praxis Rudolf Steiners zu erinnern und den aktuellen Dialog weiter voranzubringen – nicht zuletzt, um die Stimme der Anthroposophie im spirituellen Konzert der Gegenwart stärker einzubringen.

Dabei kann ich selbst bereits an einige kontinuierliche Gesprächsfäden anknüpfen. Ganz besonders denke ich hier an die Freundinnen und Freunde, mit denen ich im Rahmen der seit 2006 stattfindenden „Herbstakademie Frankfurt" in einem bereichernden Austausch stehe und denen ich entscheidende Anstöße für meinen eigenen Weg verdanke.

I. Impressionen eines Lebens: Steiners ursprüngliche Intentionen

In diesem Kapitel werden Grundzüge der Anthroposophie in Anknüpfung an wichtige Lebensstationen Rudolf Steiners entwickelt – Impressionen eines Lebens, das von immer neuen Perspektiven und menschlichen Verbindungen aus Spiritualität in einer modernen Form manifestieren wollte.

Rudolf Steiners Anthroposophie kam an der Wende des 19. zum 20. Jahrhundert zur Welt, als in Europa gerade die letzten Reste von Klassik, Romantik und idealistischer Philosophie im Bürgertum verstaubten, der naturwissenschaftliche Materialismus seine größten Triumphe feierte und Spiritualität kein Thema war, das man öffentlich verhandelte. Dennoch wuchs Steiners Bewegung noch zu seinen Lebzeiten zu erstaunlichen Größenverhältnissen an. Und lange bevor der Begriff einer „integralen Kultur" aufkam und als Ganzheitlichkeit noch ein Fremdwort war, praktizierten bereits die Schüler Steiners Lebensformen, in denen innere spirituelle Praxis, soziales Engagement und achtsame Lebensausrichtung verbunden werden sollten. Dass die dahinter stehende Weltsicht eine auch heute noch pionierhafte Attraktivität hat, könnte gerade in unserer für Spiritualität offenen Gegenwart neu entdeckt werden.

Als Rudolf Steiner 1861 geboren wird, beginnt gerade die Aufbruchzeit einer neuen Technologie in Europa. Überall knüpft sich ein doppeltes Netz: auf dem Boden eines aus Schienen, die Güter und Menschen mit nie gekannter Kraft und Geschwindigkeit an entlegene Orte befördern; darüber, den Strecken entlang, eines aus Telegraphendrähten, die in Windeseile Informationen von hier nach dort übertragen. Rudolf Steiner hat seine Kindheit auf Bahnhöfen verbracht, in einer Umgebung, mit der wir heute eher nostalgische Empfindungen verbinden, die aber damals einen Brennpunkt technischer Entwicklung bildete. Sein Vater war einfacher Angestellter der Österreichischen Südbahn und ursprünglich Telegraphist. Steiner hielt sich als Kleinkind statt in der Schule lieber beim Vater und seiner Arbeit auf. Ob das geschäftige Treiben des Bahnhofs wirklich der ideale Ort für Kinder war? Der kindlichen Neugier gab es jedenfalls reichlich Nahrung.

Die rasche Entwicklung des Eisenbahnnetzes bringt es mit sich, dass der Vater häufig an andere Bahnhöfe versetzt wird. Viermal während der Kindheit Rudolf Steiners wechselt die Familie „ihren" Bahnhof; die Bahnstrecken, an denen sie liegen, führen alle mehr oder weniger von Nord nach Süd, entlang einer Linie, an der sich im Laufe der Jahrhunderte immer wieder Kulturen und Völker an Grenzen begegnet sind. Der am meisten südlich gelegene dieser Orte ist der Bahnhof von Kraljevec, damals zu Ungarn gehörend, heute in Kroatien gelegen. Hier kam Rudolf Steiner zur Welt.

Der kleine Rudolf ist gerade anderthalb Jahre alt, als der Vater auf die Station Mödling bei Wien versetzt wird. Hier bleibt die Familie ein halbes Jahr, dann geht es weiter nach

Pottschach, eine halbe Bahnstunde südlich von Wien gelegen. In Pottschach beginnen auch die ersten Erinnerungen des Kindes: „Eine wundervolle Landschaft umschloss meine Kindheit", schreibt Steiner später in seiner Autobiographie *Mein Lebensgang*. Zum Greifen nah die Berge, der Semmering und der Schneeberg, von dem Steiner sechzig Jahre später erinnern wird, wie seine kahle Felsenspitze morgens manchmal die ersten Sonnenstrahlen ins Tal hinunter sandte. Noch heute liegt der Pottschacher Bahnhof anmutig am Dorfrand mit seinen sehnsüchtig in die fernen Berge führenden Gleisen.

Wie bei manchen anderen spirituellen Lehrern gibt es auch im Leben Rudolf Steiners ein ganz bestimmtes „Erweckungserlebnis". Von diesem einschneidenden Ereignis hat Steiner selbst später in einem Vortrag erzählt: Im Warteraum der Eisenbahnstation in Pottschach spielend, erscheint dem damals etwa sieben Jahre alten Jungen die Gestalt einer Frau, die ihm zuruft: „Versuche jetzt und später, so viel du kannst, für mich zu tun!" Dann verschwindet die Erscheinung – man stelle sich die Situation für den Jungen vor! – in einen Ofen hinein. Bald darauf wird ihm klar, dass es sich bei dieser visionsartig aufgetretenen Szene um die Erscheinung seiner Tante gehandelt haben musste, die kurz zuvor Suizid begangen hatte. Ein außergewöhnlicher Augenblick voller rätselhafter Erschütterung, der für Rudolf Steiner offenbar eine neue Welt freisetzte: Und zwar nicht einen Geister- oder Gespensterglauben, sondern die Gewissheit, dass der Geist, ob im Menschen oder in der Natur verkörpert, offensichtlich etwas war, das auch unabhängig von der stofflich sichtbaren Welt existierte. Steiner sagt dazu später, von sich in der dritten Person sprechend, „dass von jenem Ereignisse ab für den Knaben ein Leben in der Seele anfing, welchem sich durchaus diejenigen Welten offenbarten, aus denen nicht nur die äußeren Bäume, die äußeren Berge zu der Seele des Menschen sprechen, sondern auch jene Welten, die hinter diesen sind. Der Knabe lebte etwa von jenem Zeitpunkt ab mit den Geistern der Natur ... mit den schaffenden Wesenheiten hinter den Dingen in derselben Weise, wie er die äußere Welt auf sich wirken ließ" (nach: Beiträge zur *Rudolf Steiner Gesamtausgabe* Nr.83/84, Dornach 1984).

Erwachen zur Freiheit in der Wirklichkeit

Die für uns moderne Menschen übliche und fast nie hinterfragte Ausgangsbasis – die Welt getrennt wahrzunehmen in Subjekt und Objekt, in Innen- und Außenwelt, in Geist und Seele hier und in tote Materie dort – das Kind hatte hinter diese Oberfläche des Gegenstandsbewusstseins geschaut. Aber was nun? Von seinen Eltern, auch von seinen Lehrern, konnte dem heranwachsenden Jungen kein Verständnis entgegenkommen. Steiner reagierte mit dem brennenden Wunsch, zu erkennen und zu verstehen, was er erlebt hatte.

Energisch will Rudolf Steiner schon als Schüler – mit Kants Werken unter der Bank! – und später als Student und junger Goetheforscher mit den Mitteln der Philosophie erfassen, wie ein Erwachen zur wahren Wirklichkeit, zu einem Zustand spiritueller Einheit mit der Welt, möglich ist.

Später, im Alter von wohl 19 Jahren, erfährt Rudolf Steiner – ausgelöst durch eine längere Beschäftigung mit dem Werk Schellings – offenbar ein weiteres initiatisches

Erlebnis, das ihm die Verwurzelung des eigenen Wesens in einem umfassenden, absoluten Bewusstsein auf reifere Weise noch einmal bestätigte. In einem Brief vom 13. Januar 1881 an einen damaligen Freund hat er es festgehalten:

„Es war die Nacht vom 10. auf den 11. Januar, in der ich keinen Augenblick schlief. Ich hatte mich bis ½ 1 Uhr mitternachts mit einzelnen philosophischen Problemen beschäftigt, und da warf ich mich endlich auf mein Lager; mein Bestreben war voriges Jahr, zu erforschen, ob es denn wahr wäre, was Schelling sagt: ‚Uns allen wohnt ein geheimes wunderbares Vermögen bei, uns aus dem Wechsel der Zeit in unser innerstes, von allem, was von außen hinzukam, entkleidetes Selbst zurückzuziehen und da unter der Form der Unwandelbarkeit das Ewige in uns anzuschauen.' Ich glaubte und glaube nun noch, jenes innerste Vermögen ganz klar an mir entdeckt zu haben – geahnt habe ich es ja schon längst –; die ganze idealistische Philosophie steht nun in einer wesentlich modifizierten Gestalt vor mir; was ist eine schlaflose Nacht gegen solch einen Fund!" (*Briefe Band I*, GA 38, S. 13)

Was war geschehen? Steiner hatte sich, wie er schreibt, bis spät in die Nacht mit philosophischen Problemen beschäftigt. Dann, sich ausstreckend auf dem Bett, wirkt der Gedankenstrom in Schlaflosigkeit weiter, bis ihm als Erfahrung evident wird, womit er sich zuvor philosophisch befasst hatte: Schellings Rede von einer Fähigkeit, durch die wir uns über eine Form unseres Selbst vergewissern können, die von jedem zeitlichen Wandel unberührt bleibt – ein Ewiges in uns als Teil des Ewigen schlechthin. Um diese Gewissheit gedanklich zu untermauern und in der intellektuellen Öffentlichkeit seiner Zeit diskutierbar zu machen, setzt sich Steiner insbesondere mit dem damals virulenten Neukantianismus auseinander. Deren Vertreter behaupten, dass wir Menschen, eingeschlossen in das System unserer Sinne und die Verschaltungen unseres Gehirns, niemals die „wahre Wirklichkeit" erkennen können – eine auch heute noch maßgebliche Position in Philosophie und Wissenschaft, die insbesondere durch die Ergebnisse der Neurowissenschaften vielfach bestätigt zu sein scheint. Denn diese scheint zeigen zu können, wie das hoch komplizierte System der neuronalen Verarbeitung von „Sinnesdaten" von einer bestehenden „Welt an sich" nichts mehr durchlässt.

Steiner beginnt seinen Befreiungsweg deshalb mit einer Selbstvergewisserung des Denkens als desjenigen Elementes der Welt, das keine außerhalb seiner selbst gelegene Erklärung benötigt, sondern sich in Art einer Selbsterschließung autonom erklären kann. Um das Denken zu verstehen, muss es nicht über sich hinausgehen, es kann sich selbst zu Hilfe kommen; die Begriffe erklären sich gegenseitig (siehe ausführlicher dazu auch das Kapitel *Denken, Vernunft und Universalität*). Auf diese Weise zeigt sich der begrifflich-ideelle Faktor der Dinge als Element, das zwar auf dem Bewusstseinsschauplatz des Menschen auftritt, seinem Wesen nach aber zur Welt gehört. Als Gedanken-Wesen sind wir Menschen immer schon Teil der wahren Wirklichkeit, wie die Welle Teil des Meeres ist: „Solange sich der Mensch bloß durch Selbstwahrnehmung erfasst, sieht er sich als diesen besonderen Menschen an; sobald er auf die in ihm aufleuchtende, alles Besondere umspannende Ideenwelt blickt, sieht er in sich das absolut Wirkliche lebendig aufleuchten", heißt es in der *Philosophie der Freiheit* (im Kapitel *Die letzten Fragen).*

Im Bemerken der Tatsache, dass die Geistigkeit der Welt in das menschliche Innere nicht nur hineinragt, sondern in ihm sogar neu zu Bewusstsein kommt, geht Steiner der Sinn des Menschseins auf. Dabei meint er mit seiner platonisch anmutenden Rede von der „Ideenwelt" nicht das intellektuelle Denken des Verstandes, dessen kombinatorisches Vor-sich-hin-Laufen ja jede spirituelle Entwicklung hemmt, sondern die bewusst gemachte Anwesenheit des Einen spirituellen Urgrundes, der in Form einer Denk-Spur durch unser Bewusstsein zieht – mit den Merkmalen tiefer Verbundenheit ausgestattet und jederzeit dazu in der Lage, uns denkend über unsere Begrenztheit in ein tieferes Verstehen hinauszuführen.

Insoweit wir auf diese Weise denkend bewusst die Welt ver-wirklichen, wird Wirklichkeit erst manifestiert und wir können uns selbst als Teil der absoluten Wirklichkeit (Steiner spricht auch von einer „Totalexistenz") erleben; das Erkennen bildet nicht etwas außerhalb von ihm Befindliches ab, es wird vielmehr „das Erkennen selbst ein Wirklichkeitsprozess", wie es Steiner später in seinen Vorträgen über die Philosophie des Thomas von Aquin ausgeführt hat: „das, was sich da auf dem Schauplatz des menschlichen Bewusstseins vollzieht, das ist zugleich Weltenvorgang, das ist ein Geschehen in der Welt; und es ist dasjenige Geschehen, das die Welt und innerhalb der Welt uns selbst vorwärts bringt" (III. Vortrag vom 24.5.1920) In diesem Zusammenhang formulierte der Steiner-Schüler Herbert Witzenmann oftmals den

Gedanken, dass sich im Mitvollziehen der Wirklichkeit der Mensch selbst vollzieht.

Sein und Wirklichkeit

Die moderne Philosophie ist überwiegend von Ansätzen bestimmt, die das menschliche Wirklichkeitsvermögen grundsätzlich relativieren und meist die Zugänglichkeit der Wirklichkeit durch das Denken und Erkennen vollständig in Abrede stellen. Gleichzeitig gibt es in der Philosophie auch eine Strömung, der es um das Sein als Ganzes und um die Überwindung des Dualismus von Subjekt und Objekt geht. Im 19. Jahrhundert fand diese Strömung einen Ausdruck in dem Philosophen Franz Brentano, der um 1880 versuchte, eine wissenschaftliche Phänomenologie der psychischen Phänomene durch Introspektion zu gewinnen. In seiner Wiener Zeit hörte Steiner Vorlesungen von Brentano. Einer seiner bekannteren Schüler war zur gleichen Zeit Edmund Husserl, der später die Phänomenologie begründete. Und der wichtigste Schüler Husserls wiederum wurde Martin Heidegger. Das bei allen Unterschieden gemeinsame Ziel dieser Denker war es, die unhintergehbare Position des intentionalen Bewusstseins in der Welt so zu begreifen, dass sie nicht zu einem subjektivistischen oder konstruktivistischen Missverständnis führt, ja, mehr noch: so, dass wir in einen Zustand kommen, der hinter der typisch neuzeitlichen (oder gar abendländischen) Spaltung von Subjekt und Objekt liegt und in dem diese überwunden ist. Wenn man Brentano als einen Stamm sieht, dessen einer Zweig zu Heidegger führte, dann führt ein anderer zu

Rudolf Steiner. In seinem philosophischen Frühwerk ging es Steiner darum, die transzendente Einheitserfahrung von Mensch und Welt, die ihn seit seiner Kindheit begleitete, so zu begründen, dass sie in der Philosophie und Wissenschaft seiner Zeit diskutierbar wurde. Dazu griff er den Anstoß der kritischen Philosophie auf und trieb ihn sogar noch weiter als Kant: Der zu überwindende „Mythos des Gegebenen" der Wirklichkeit betraf für Steiner nicht erst die kulturell bedingten Muster der Einordnung und Interpretation aller Erfahrung, sondern die grundsätzliche, immer begrifflich mit-bedingte Auffassung von Wirklichkeit. Nur fasste Steiner diesen mit-schöpferisch-strukturierenden Prozess nicht als subjektive Verzerrung einer angeblich außerhalb des Menschen vorhandenen, „objektiven" Welt des Gegebenen auf, sondern als die einzig mögliche und sinnvolle Weise der Entstehung von „Sein" als einer Einheit von Welt und Mensch. Für Steiner entsteht alle Wirklichkeit als ein mit-schöpferischer Prozess erst durch den Menschen, indem er kraft seines gedanklich-ideell getragenen Bewusstseins das nur „Gegebene" der Dinge erst zu einem wahren Ganzen macht: „Durch unser Denken erheben wir uns von der Anschauung der Wirklichkeit als einem Produkt zu der als einem Produzierenden..." (*Grundlinien einer Erkenntnistheorie der Goetheschen Weltanschauung*). Es gilt daher: Wahrnehmung nie ohne Geist (Struktur, Idee); Geist nie ohne Wahrnehmung. Beides zusammen ist bzw. schafft Wirklichkeit. Das Bewusstsein des Menschen bildet den Schauplatz, auf dem der Geist der Dinge auftreten und sich aussprechen kann.

Während Heidegger die Wirklichkeit des Seins durch die stimmungshaft gebündelte Aufmerksamkeit auf den Zustand vor der Trennung von Subjekt und Objekt erreichen will (siehe sein nachgelassenes Werk *Vom Ereignis*, Gesamtausgabe Band 65), sucht sie Steiner in dem Moment der bewussten Wiedervereinigung im Erkennen. Weil dabei der begriffliche Faktor, das Denken, der entscheidende ist, durch den der Mensch das nach dem „Fall aus dem Sein" zwischenzeitlich Getrennte wieder verbindet, spielt für ihn der Gedanke – verstanden im tieferen Sinne des „Logos", der Welt und Mensch übergreift –, die entscheidende Rolle. Am Ende führt aber auch bei Steiner die erkenntnistheoretische Vergewisserung über die Art, wie der Mensch in der Wirklichkeit steht, zu einem quasi-meditativen Ergebnis: „Das mit dem Gedankeninhalt erfüllte Leben in der Wirklichkeit ist zugleich das Leben in Gott", heißt es in der *Philosophie der Freiheit*.

Dieses Einmünden der Erkenntnistheorie in eine fast religiös anmutende Sicht mag zunächst überraschen. Aber auch der japanische Philosoph Keiji Nishitani, der in den dreißiger Jahren bei Heidegger studierte (von manchen als „Jahrhundertphilosoph" Japans angesehen) und Bezüge zwischen der Seinslehre Heideggers und der Zen-Philosophie herstellte, ist überzeugt: Religion ist nichts anderes als das Gewahrwerden der wahren Wirklichkeit. Und zur wahren Wirklichkeit gehört für Nishitani das Realisieren, das Wirklich-Werden der Wirklichkeit im Menschen, untrennbar hinzu: „Dieses reale Gewahrwerden der Wirklichkeit macht unser wirkliches Dasein aus und konstituiert die eigentliche Wirklichkeit unserer Existenz ... In diesem Sinn gehört die in der Erfahrung (Realisation) der Wirklichkeit gewonnene Realität unserer Existenz als Selbstrealisation der Wirklichkeit zur Wirklichkeit selbst. Mit anderen Worten: Die Selbstrealisation der Wirklichkeit ereignet sich nur so, dass sie ein wirkliches Wirklichwerden unserer Existenz bewirkt" (Keiji Nishitani, *Was ist Religion*).

Freiheit realisieren

Welche Konsequenzen hat es nun für das praktische Leben, dass wir mit unserem denkenden Bewusstsein in die wahre Wirklichkeit eintauchen können? Die Erfahrung der Teilhabe an der All-Einheit im Bewusstsein ist ja eine Erfahrung von Freiheit: Freiheit im Sinne einer prinzipiellen Unbegrenztheit und Ungetrenntheit, der „Aufgehobenheit" des Individuellen im All-Einen, wie Steiner es ausgedrückt hat. Die Frage ist dann nur, ob dieses innere Erlebnis sich auch in unserem konkreten individuellen Leben, das ja immer unter bestimmten Bedingungen verläuft, durchhalten kann oder ob diese Freiheit vielleicht doch nur in Rückzugsmomenten von der Welt erfahren werden kann.

Die Frage ist also berechtigt, ob es angesichts der zweifellos immer auch vorhandenen, unseren Alltag bestimmenden äußeren Bedingungen und inneren Verstrickungen, unseren Illusionen und Selbsttäuschungen so etwas wie Freiheit überhaupt geben kann. Steiners Antwort lautet: Ja, weil wir im Erkennen die Verbindung mit dem Einen und absolut Wirklichen erfahren können, sind wir auch in der Lage, diese Qualität in unserem Handeln aufleben zu lassen.

Die Frage, ob wir als Menschen frei sind oder nicht, ist aber nicht grundsätzlich mit ja oder nein zu beantworten. Sie hängt vielmehr von dem Grad ab, in dem wir die – im inneren Erleben von Bewusstsein gemachte – Erfahrung des Unbedingten als Maßstab aufrecht erhalten können und uns beim Schritt „nach außen" über die äußeren und inneren Konditionierungen unseres Verhaltens bewusst werden.

Ebenso wie das Erwachen zur Wirklichkeit mit dem Bewusstmachen der allumspannenden Ideenwelt in uns einher geht, ist ein nicht-determiniertes Handeln möglich, wenn wir Motiven folgen, die weder durch unsere subjektive Organisation bedingt noch uns von außen (sozial oder kulturell) vorgegeben sind, sondern die wir uns selbst setzen. In diesen Fällen ist es nicht unsere Egoität, die handelt, unser Verhalten strömt vielmehr wie aus dem Urgrund selbst. Diejenige Instanz in uns, die dazu in der Lage ist, einen „schlechthin ersten Entschluss" zu fassen (so Steiners Formulierung in der *Philosophie der Freiheit*), das reine Potenzial zur Entscheidung, ist von gleicher Art wie das Absolute, in das wir durch unsere Bewusstseinserfahrung eintauchen; es ist die Flamme unserer Individualität, die im Licht des Einen lebt. Derart ist „das freie Handeln das aus dem All-Ich fließende", wie es Steiner in seinem Buch *Die Mystik im Aufgange des neuzeitlichen Geisteslebens* ausdrückt. Obwohl Steiner selbst seinen Ansatz mitunter auch als einen „ethischen Individualismus" bezeichnet, ist der „Ort" der Freiheit in mir gerade nicht im üblichen Sinne ein nur individueller: „Das Individuelle in mir ist nicht mein Organismus mit seinen Trieben und Gefühlen, sondern das ist die einige Ideenwelt, die in diesem Organismus aufleuchtet", präzisiert Steiner in der *Philosophie der Freiheit.*

Dass ein Verhalten, das nur die Befriedigung der eigenen Bedarfsnatur im Blick hat, ethisch nicht den höchsten Entwicklungsstand ausmacht, mag auf Anhieb deutlich sein; egozentrisch kann aber ebenso gut die Fixierung auf bestimmte, mein Selbstbild bestätigende moralische Muster wirken. Im Einklang mit dem Ursprung, also frei, verhalten wir uns erst dann, wenn wir uns nicht vorab auf ein bestimmtes ethisches Programm oder ein festes moralisches Ziel festlegen, sondern im Einzelfall kraft eigener Intuition erfassen können, welches der in Frage kommenden moralischen Motive einer bestimmten Situation tatsächlich angemessen ist. Entscheidend ist immer: Erst im Trans-Individuellen, dem „ideellen Teil meines individuellen Wesens" (Steiner), verwirklichen wir unser wahres Selbst, das identisch mit der geistigen, für alle Menschen gleichen Sphäre ist. Nochmals einfacher ausgedrückt: Freiheit, hier (endlich einmal) nicht als freiwillig einzuschränkender Gegensatz, sondern als Inbegriff von Moral und Ethik begriffen, resultiert aus der Umsetzung unseres bewusst gemachten, immer schon latent vorhandenen universellen Selbstes in individuelles Verhalten.

Schulungsweg und „höhere Welten"

Nach den Lebensetappen als Goethe-Herausgeber, als Archivmitarbeiter, Buchautor und Doktor der Philosophie in Weimar geht Steiner kurz vor der Jahrhundertwende nach Berlin. Auch hier versucht er sich in den unterschiedlichsten Bereichen. Anlass für seine Übersiedlung in die Hauptstadt des Kaiserreichs ist die Möglichkeit, sich als Zeitschriftenherausgeber und Feuilletonist sowohl eine publizistische

Plattform als auch eine Existenzgrundlage aufzubauen. Steiner übernimmt 1897 das *Magazin für Litteratur*, ein Periodikum, dessen Leserschaft an den neuen Autoren jener Zeit interessiert ist: Hauptmann, Ibsen, Wedekind, Schnitzler, Rilke und andere werden besprochen oder kommen selbst zu Wort. Steiner selbst besucht die aktuellen Theateraufführungen und begeistert sich für die antibürgerlichen und avantgardistischen Geister, in denen er ein neues Bewusstsein heraufziehen sieht.

Das Eintauchen in die intellektuelle Welt Berlins bringt ihn, der immer ein geselliger und sozialer Mensch war, auch in Kontakt mit – allerdings sehr unterschiedlichen – sozialen Kreisen. „Die Kommenden" nannte sich etwa ein literarisch-kultureller Verein mit Sitz in einem Café am Nollendorfplatz, in dessen Rahmen sich beispielsweise Else Lasker-Schüler, Erich Mühsam oder Käthe Kollwitz trafen. Stefan Zweig hat Eindrücke von Steiner aus diesem Kreis in seinem Buch *Die Welt von gestern* festgehalten. Zwei Menschen aus diesem Kreis war Steiner besonders zugetan: einem jungen Dichter mit Namen Ludwig Jacobowski und dem Schriftsteller John Henry Mackay, der sich als glühender Anhänger Max Stirners als ethischer Anarchist verstand und sich Steiner mit seinem Ansatz der Freiheitsphilosophie nah fühlte. Man traf sich, las aus eigenen Werken, diskutierte. Ein weiterer Zirkel, in dem Steiner verkehrte, hatte sich den Namen „Giordano Bruno-Bund" unter Berufung auf eines der prominentesten Inquisitionsopfer der europäischen Geistesgeschichte gegeben – passend zum strikt antiklerikalen Charakter des Bundes. Hier waren Menschen wie Wilhelm Bölsche, August Strindberg, Frank Wedekind und andere Freidenker prägend. Aus diesem Kreis ging auch die Initiative zur Gründung einer „Freien Hochschule", einer Art Vorläufer der Volkshochschulen, hervor, später der „Monistenbund".

Ab 1899 wurde Steiner auch Gastreferent an einer anderen Bildungseinrichtung Berlins, der von Wilhelm Liebknecht gegründeten „Arbeiter-Bildungsschule". Neben den schöngeistig-intellektuellen, anarchistischen und freigeistigen Kreisen nimmt er somit auch zum damaligen Sozialismus Tuchfühlung auf. Steiner unterrichtet hier Menschen aus der Arbeiterschaft nach Feierabend in Geschichte und Redeübungen, freilich in deutlicher Distanz zu dem in der Arbeiter-Bildungsschule dominierenden historischen Materialismus Marxscher Prägung. Die Geschichte stellt er vielmehr im ursprünglich Hegelschen Sinne als Geschichte zunehmender Freiheit dar. Im Jahr 1900 hält er den Festvortrag zum Gutenberg-Jubiläum und einmal, am 12. Januar 1902, spricht Steiner direkt im Anschluss an Rosa Luxemburg bei einer Veranstaltung zum Thema „Die Wissenschaft und der Arbeiterkampf".

Trotz dieser enormen Aktivitäten als Redakteur, Buchautor und Redner kommt Steiner weder finanziell über die Runden noch findet er inhaltlich wirklich Resonanz: Der Kern seiner Botschaft, die Freiheitsidee und die Verbindung des Individuums mit dem Absoluten oder dem All-Ich, wird nicht verstanden. Man findet ihn „anregend", wie Steiner resignierend feststellt, versteht aber die Tiefe seiner Vision nicht. Und wirtschaftlich kommt er mit seinen Einnahmen aus Buchverkäufen auf keinen grünen Zweig, zudem ist die Auflage des *Magazins für Litteratur* rückläufig, weil das Publikum sich an Steiners Sympathisieren mit anarchisch-indivualistischen Positionen stört. In seiner Autobiographie *Mein Lebensgang* erinnert sich Steiner rückblikkend, er habe in dieser Zeit der Möglichkeit einer vollständigen Resignation und eines Rückzugs aus dem öffentlichen Wirken ins Auge gesehen.

Berührung mit der Theosophie

Ab dem Jahr 1900 kommt Steiner in Berlin mit einer weiteren geistigen Strömung in Berührung. Durch den Hinweis eines Hörers aus der Arbeiterbildungsschule wird Sophie von Brockdorff auf Steiner aufmerksam, die im Rahmen der von ihr geleiteten Niederlassung der Theosophischen Gesellschaft in Charlottenburg auch Referenten aus dem allgemeinen Kulturleben der Stadt einlädt. Steiner spricht vor diesem halb-privaten Kreis einer mariginalen Organisation, die im wilhelminischen Reich etwas leicht Exotisches haben musste, erst über Nietzsche, dann über sein Thema der Wiener und Weimarer Zeit, über Goethe. Und genau hier geschieht eine Art Initiatilzündung Steiners: Er spricht nicht über die literarische Größe des Klassikers aus Weimar, auch nicht über dessen Wissenschaftsansatz, sondern in Anknüpfung an Goethes *Märchen* über die Weitung des Selbst und über die Verwandlung der menschlichen Seele. Und Steiner bemerkt etwas, was bei all seinen früheren sozialen Kontakten ausblieb: Die Menschen gehen in Resonanz zu seiner Vision.

Weil das Interesse groß ist, hält Steiner im Winter des Jahres 1900/1901 eine ganze Vortragsreihe über die deutsche Mystik und anschließend über das „Christentum als „mystische Tatsache“. Steiner wird als talentierter Redner wahrgenommen, der aus der Fülle seiner Bildung und dem Charisma der eigenen spirituellen Erfahrung sprechen kann. Schnell wird er zum Kopf der Theosophie in Deutschland, der allerdings Wert darauf legt, einen eigenen, westlichen Weg der Esoterik darzustellen. Bald darauf ist Steiner im Rahmen der innerhalb der Theosophischen Gesellschaft bestehenden esoterischen Schule auch für einen wachsenden Kreis von Menschen als persönlicher spiritueller Lehrer tätig. Er unternimmt zahlreiche Vortragsreisen, und weil von den Vorträgen unautorisierte Mitschriften zu kursieren beginnen, organisiert er professionelle Stenographen. Seine Partnerin Marie von Sivers, die er im Berliner Zweig der Theosophen kennenlernt (und später heiraten wird), übernimmt die Organisation der unter seiner spirituellen Leitung rasch wachsenden theosophischen Bewegung und die Herausgabe seiner Werke.

Im späteren Rückblick haben Biographen und Kritiker Steiners die Hinwendung des Philosophen Steiner zur Theosophie mitunter als radikale Wende, ja als „Bruch" interpretiert. Anlass dazu ist zweifellos der sich mit seiner Tätigkeit für die Theosophische Gesellschaft stark verändernde Habitus Steiners vom Typ eines Bohemien zu einer Art Guru im Gehrock. Seinen Weggenossen aus Intellektuellenkreisen (aber auch seiner ersten Frau Anna Eunike) war dieses veränderte Auftreten befremdlich. Denn die Theosophie mit ihrer stark von Indien geprägten Spiritualität wurde um 1900 sicher als ein kultureller Fremdkörper wahrgenommen. Wesentliche Lehrschriften stammen von der deutschrussischen Okkultistin Helena Petrovna Blavatsky, und die weltweite Organisation wurde durch Briten von Indien aus geführt. Steiner setzte hier jedoch neue Akzente und brachte zentrale Motive aus seinem eigenen Werdegang ein, zunächst vor allem Goethe, dann die deutschen Philosophen und die mittelalterlichen Mystik. Im Grunde breitete Steiner dabei vor einem spirituell aufgeschlossenen Publikum nur den zum inneren „Erwachen" führenden Charakter seiner Freiheitsphilosophie aus, nun allerdings in anderem Kontext: „Das Verständnis für die Aufhebung des Individuellen, des einzelnen Ich zum All-Ich in der Persönlichkeit betrachten tiefere Naturen als das im Innern des Menschen sich offenbarende Geheimnis, das Ur-Mysterium des Lebens", heißt es nun in (später auch in Buchform erscheinenden) Vorträgen über *Die Mystik*. Meister Eckart, Johannes Tauler, Nicolaus von Kues, Paracelsus oder Jakob Böhme werden ihm zu herausragenden Zeugen des befreiten und erleuchteten Selbstes im Abendland. Und eben dieses stellt sich nicht mehr als die subjektive Einzelpersönlichkeit dar, sondern als „die allgemeine Weltwesenheit, welche die Schranke niedergerissen hat zwischen Innenwelt und Außenwelt, und die nunmehr beide umspannt" (*Die Mystik*, S. 54). Als ein „Umstülpungsverhältnis von Philosophie und Mystik" hat der Herausgeber der Kritischen Ausgabe der Werke Steiners, Christian Clement, diesen Metamorphoseprozess bei Steiner bezeichnet.

Einen weiteren Schritt in Richtung spiritueller Praxis geht Steiner im Jahr 1902 mit seiner Interpretation des *Christentums als mystischer Tatsache*. Wiederum zunächst in Vorträgen stellt er Tod und Auferstehung des „Gottmenschen" Jesus als geschichtliche Manifestation einer allgemein möglich gewordenen „Einweihung" in das All-Ich dar. Was bis dahin nur in der Verborgenheit der antiken Mysterien für wenige Auserwählte vorgesehen gewesen sei, könne seither persönliches Entwicklungsziel werden. „Es schlummern in jedem Menschen Fähigkeiten, durch die er sich Erkenntnisse über höhere Welten erwerben kann", beginnt denn auch programmatisch das folgende, zu seinen wichtigsten Werken überhaupt zählende Buch Steiners mit dem Titel *Wie erlangt man Erkenntnisse der höheren Welten?* (1904). Es ist der Frage gewidmet, wie sich das ganze Leben des Menschen – dabei die weltlichen Verpflichtungen keineswegs aufgebend – auf das Ziel von Erleuchtung und Einweihung orientieren lässt. Das wohl erste öffentliche spirituelle Praxisbuch des 20. Jahrhunderts erscheint! Steiner, mittlerweile Vorsitzender der Theosophen in Deutschland, knüpft in seiner Diktion zunehmend an östliches Weisheitsgut an und versucht, westliche und östliche Spiritualität zu verbinden. Ausdrücklich integriert Steiner Elemente des Yoga oder den „achtgliedrigen Pfad" des Buddhismus in sein „Regelwerk" des Weges zur geistigen Verbundenheit mit der Welt. Als Voraussetzung für ein Leben als „Geistesschüler" gibt er elementare Achtsamkeitsübungen etwa im Umgang mit der Natur oder im sozialen Zusammenleben. Nicht zuletzt enthält *Wie erlangt man Erkenntnisse höherer Welten?* wesentliche Meditationsanweisungen wie jene, durch die Betrachtung eines Samenkorns die übersinnlichen Bildekräfte der pflanzlichen Welt (Jahrzehnte später von Rupert Sheldrake als „morphische Felder" bezeichnet) konkret „anschauen" zu lernen (in Kapitel IV. werden wir uns diesen Anregungen eingehender zuwenden).

Ebenfalls 1904 legt Steiner in dem Grundlagenwerk *Theosophie* die Kernbegriffe einer spirituellen Anschauung des Menschen vor. Hier geht es darum, die Unterschiede der körperlichen, seelischen und geistigen Anteile des Menschen in klare Begriffe zu fassen. Dann wird gezeigt, wie sich das Selbst als meta-biographischer Kern des Menschen in einer Reihe von Verkörperungen und in der Auseinandersetzung mit den Folgen seines Verhaltens immer weiter entwickelt – ein Kerngedanke Steiners, der uns systematisch in einem späteren Kapitel dieser Schrift beschäftigen wird. Wie verändert sich das Leben, das Verhältnis zu sich selbst und seinen Mitmenschen, wenn man diese Perspektive einbezieht? Wiederverkörperung und Karma bleiben für Steiners gesamtes weiteres Werk – als Rahmengesetz der biographieübergreifenden Befreiung zum Wahren Selbst verstanden – essenziell. Ein weiterer, grundlegender Teil des Werks Theosophie erläutert darüber hinaus – in detaillierter Vorwegnahme der erst gegen Ende des 20. Jahrhunderts populär werdenden Berichte über Jenseits-Erfahrungen –, was das Selbst des Menschen in der Zeit nach dem Tode bis zu einer neuen Geburt in der rein seelischen und geistigen Umgebung durchmacht. Bei all diesen Schilderungen beruft sich Steiner auf eigene übersinnliche Erfahrungen als Quelle. Er dokumentiert damit einen Anspruch, der nicht allein auf das Erreichen eines körperlosen Bewusstseins und Erleuchtungserlebnisses hinaus will, sondern dem es darum geht, in „kontrollierten Eingebungen" detaillierte Aufschlüsse über die übersinnlichen Zusammenhänge der Welterscheinungen zu erlangen.

1912 brach Steiner mit der theosophischen Bewegung, als deren damalige Leitung sich der in seinen Augen skandalösen „Inthronisation“ eines indischen Jungen als neuer Verkörperung eines gott-ähnlichen Weltlehrers verschrieben hatte (es handelte sich um Krishnamurti, der sich später selbst von den an ihn herangetragenen Erwartungen distanzierte). Fast die gesamte Mitgliedschaft der damaligen Theosophischen Gesellschaft in Deutschland folgte Steiner in die dann neu gegründete Anthroposophische Gesellschaft. Dabei verdeutlichte dieser programmatische Wechsel nur den ohnehin schon verfolgten Weg Steiners, die Grenze zwischen göttlicher Weisheit (Theosophie) und menschlicher Weisheit (Anthroposophie) aufzuheben. Etwa von diesem Zeitpunkt an betont Steiner stärker die Beziehungen seiner Anthroposophie zum Christentum in Abgrenzung zur östlichen Weisheit.

Fast gleichzeitig beginnt Steiner, dessen Umkreis von den abzählbar wenigen zu Beginn seines Wirkens inzwischen auf einige Tausend Menschen angewachsen ist, ab 1913 auf einem Grundstück in Dornach bei Basel mit dem Bau des Goetheanum-Gebäudes, eines Kulturzentrums mit internationalem Publikum, das zum Ort ambitionierter Bühnenkunst und Austrahlungszentrum anthroposophischer Spiritualität werden sollte. Steiner bleibt außerdem für zahlreiche Interessierte ein direkter spiritueller Lehrer; er stellt aber zunehmend auch Überlegungen für den Bestand seines Impulses über sein direktes Wirken hinaus an. Dabei ist die Frage für ihn leitend, wie durch die gemeinsame Bewusstseinsbildung einer spirituell zusammenarbeitenden Kommunität das lebendig Geistige, die Präsenz realer geistiger Wesen, evoziert werden kann. Dieses Motiv wird er 1923 unter dem Motto eines „umgekehrten Kultus" formulieren und nach dem tragischen Brand des ersten Goetheanum-Baus 1924 in der Neugründung der Anthroposophischen Gesellschaft weiter verfolgen. Durch den Aufbau einer regelrechten spirituellen „Hochschule" sollte sie den Zustrom geistigen Lebens auch ohne seine physische Anwesenheit gewährleisten – ein weitreichendes Ziel, um das später selbstzerfleischende Auseinandersetzungen seiner Schüler entbrannten. Noch von Steiner selbst entworfen, wurde nach seinem Tod an gleicher Stelle das zweite Goetheanum als avantgardistischer Bau organischer Architektur aus Stahlbeton errichtet.

Praktische Anthroposophie – Lebensverwandelnde Spiritualität

In seiner immer umfangreicher werdenden Vortragstätigkeit vor allem in Deutschland und der Schweiz betont Steiner das unmittelbar Praktische seiner Anthroposophie für die Bewältigung von Lebenskrisen, ihre Relevanz für die „seelische Not der Gegenwart" und ihren Beitrag für die geistigen und auch sozialen Bedürfnisse seiner Zeit. All dies steht im Zeichen des gravierenden Drängens nach Veränderung, das sich in den europäischen Gesellschaften vor dem Ersten Weltkrieg regt. Die Zeit unmittelbar nach dem Ende der von Steiner oft so genannten „Weltkriegskatastrophe" ist eine Zeit des totalen Zusammenbruchs und Wiederaufbaus in Deutschland und Europa. Steiner stellt sich jetzt mit seinem Wirken ganz in die Reformbemühungen auf den verschiedensten Feldern hinein. Erst in dieser etwa 1917 beginnenden, letzten Phase seines Lebens – Steiner starb 1925 – entstanden jene Ansätze, durch die seine Anthroposophie bis heute gesellschaftliche Wirkung erreichen konnte: Vor allem sind hier zu nennen die Waldorfschulbewegung als heute wohl meist verbreiteter Reformschultyp (gegründet 1919), die anthroposophisch erweiterte Medizin inklusive ihrer speziellen Therapien (1922) oder die biologisch-dynamische Landwirtschaft (1924 entstanden) als erste ökologische Anbauweise in Europa. In der unmittelbaren Nachkriegszeit versuchte Steiner auch auf politisch-sozialem Feld mit der so genannten „Dreigliederungsbewegung", sich für eine Stärkung des – wie wir heute sagen würden – zivilgesellschaftlichen Charakters des Gemeinwesens im Gegensatz zu einem zentralistischen Staatsverständnis einzubringen: ein Impuls, der als gesamtgesellschaftlicher Entwurf scheiterte, sich später aber in zahlreichen anthroposophischen Unternehmensgründungen und einer Vielzahl sozialer Projekte weiterentwickelte. In allen genannten Bereichen entstand im Laufe der Jahre auch ein differenziertes Aus- und Weiterbildungswesen mit eigenen, inzwischen teilweise auch staatlich anerkannten Fach- und Hochschulen.

Die enzyklopädische Vielfalt der Lebensgebiete, die Steiner impulsierte, ist beeindruckend: An seinen konkreten spirituellen Hinweisen orientieren sich noch heute Waldorflehrer, Landwirte oder Mediziner. Die von ihm zutage geförderte Fülle von Themen (sein Werk umfasst heute mehr als 350 Bände) ist aber auch der Grund dafür, dass in der Folge seine spirituelle Kernbotschaft leicht übersehen wurde:

Dichter und Politiker, Künstler und Naturwissenschaftler, Sozialarbeiter und Unternehmer, Bürgerliche und Anarchisten, esoterische und philosophische Naturen beanspruchen Steiner gleichermaßen für sich und ihr jeweils als zentral angesehenes Lebensfeld. Dass es bei Steiner einen geistigen Angelpunkt des Ganzen gibt, ist dann oft nur noch schwer zu erkennen. Nicht Erkenntnis oder Erleuchtung um ihrer selbst willen steht bei Steiner im Mittelpunkt, aber auch nicht eine schweißtreibende soziale „Praxis", für die alles Spirituelle nur Übung und Vorbereitung wäre. Beides gehört untrennbar zusammen: Das Streben zum universellen Selbst soll nicht allein Aufgabe der Meditation bleiben, sondern im menschlichen Leben exemplarisch zum Ausdruck kommen, beispielsweise im Umsetzen von pädagogischen oder sozialen Intuitionen oder in der Bemühung um die Verwandlung von Landschaften, von Technik, von alltäglichen Verrichtungen. Ganz in Übereinstimmung mit seinem „philosophischen" Werk bleibt für Steiner auch in der spirituell impulsierten Lebenspraxis die Freiheit als Einheit von individuellem und universellem Selbst wegweisend.

Im Vortragswerk Steiners findet man vergleichsweise wenige explizite Anleitungen für die spirituelle Schulung, dafür umso mehr an detaillierten Erkenntnissen vieler Wissens- und Lebensgebiete – ein mitunter „erschlagend" wirkender Fundus an Hinweisen z.B. über Geheimnisse der Bienen, geistige Hintergründe von Naturerscheinungen, religiöse Dokumente der Menschheit, Engel-Hierarchien, physikalische Phänomene, Musik, Ernährung. Es gibt fast kein Thema, zu dem Steiner keine erweiterten Gesichtspunkte hinterlassen hätte. Sein Werk fungiert deshalb mitunter auch wie ein Steinbruch, aus dem sich die unterschiedlichsten Interessen bedienen. Das ist legitim, sofern man sich dabei – gerade im Abstand von mittlerweile 80 Jahren nach Steiners Tod – auch immer wieder klar machen kann, dass es nicht um eine rezeptartige Übernahme seiner „Forschungsergebnisse" gehen kann. „Wesentliches von Unwesentlichem unterscheiden" – diese von Steiner selbst formulierte Lebensregel gilt es auch im Blick auf sein eigenes Werk zu beherzigen. Immer neu muss sich zeigen, was genau davon aktualisiert werden will. Manches ist inzwischen zeitlich überholt – nicht nur die sprachliche Diktion, auch die Zeitgebundenheit bestimmter Denkinhalte. Insbesondere gewisse, heute in ihrem diskriminierenden Charakter hervorstechende Aussagen Steiners über Menschen mit anderer Hautfarbe haben unter Anthroposophen eine kritische Selbstprüfung veranlasst, die den zeitlichen Abstand ihrer Gründerfigur aus der Spätkolonialzeit und einer pluralistischen Weltzivilisation am Beginn des 21. Jahrhunderts deutlich ins Bewusstsein gerufen hat. Vieles andere jedoch aus Steiners Werk ist gerade heute „angesagt", und für manches Weitere ist die Zeit vielleicht noch gar nicht gekommen, weshalb es in der Zwischenzeit wie ein kryptisches Zeichen wirkt, über das man den Kopf schütteln mag. Entscheidend bei allem, was auf Steiner zurückgeht, ob nun vertiefte spirituelle Praxis oder höhere Erkenntnis, ist es, den Kontext im Blick zu behalten, um den es ihm ging: Und der ist immer die große spirituell-evolutionäre Entwicklungslinie des Menschen vom Geschöpf zum Schöpfer, zum Träger des universellen Geistes, der in der menschlichen Freiheit in neuer Weise zu sich selbst kommt.

II. Spirituelle Grundmotive

In diesem Kapitel geht es darum, eine Besonderheit der Anthroposophie Rudolf Steiners näher in den Blick zu nehmen: eine Spiritualität vom Denken her, die durch ihren Erkenntnis-Ansatz Chancen für eine moderne, aufgeklärte Spiritualität bietet. Ganz besonders wird der Frage nachgegangen, welche Konsequenzen eine spirituelles Denken von Freiheit für das Verständnis von Evolution hat.

Mystik und Denken

Das existenzielle Gefühl der Trennung in Subjekt in Objekt, in Ich und Welt, in Bewusstsein und Wirklichkeit scheint die Menschen schon so lange zu beschäftigen, wie sie über sich selbst nachdenken. Zeugnisse für den Versuch, unsere isolierte Subjektivität zu überwinden und unser Leben in das Ganze wieder zu integrieren finden sich daher in allen spirituellen Entwicklungswegen und in der Mystik der Religionen. Auch die Anthroposophie Rudolf Steiners verfolgt einen solchen Weg. Im Vergleich mit anderen Ansätzen tritt bei ihm allerdings ein zunächst ungewöhnlich wirkender Ausgangspunkt hervor – es ist das Denken, das ja in den meisten spirituellen Wegen eher als Hindernis denn als Zugang zur spirituellen Entwicklung angesehen wird. Steiner indessen hat ganz bewusst etwas entwickelt, was man geradezu eine „Mystik des Denkens" nennen könnte.

Bei näherem Hinsehen zeigt sich, dass ein achtsamer Umgang mit dem Denken nicht nur unverzichtbar zu einer aufgeklärten, modernen Spiritualität gehört, sondern dass hier sogar ein zentraler Zugang zu Verbundenheit und All-Einheit liegt. Im Denken kann eine bisher kaum beachtete Quelle transparenter spiritueller Erfahrung freigelegt werden. Der weitaus größte Teil unseres Lebens ist von Vorgängen des Denkens begleitet. Angefangen von längerfristigen Zielen, die wir uns vornehmen, bis hin zu kleinsten Alltags-Orientierungen (das Mittagessen um eins, eine Verabredung um halb sechs) ist unsere Existenz von Gedanken geführt. Für längerfristige Lebenseinstellungen und Werte gilt das erst recht. Vorstellungen und Ideen, mehr oder minder als solche bewusst, gedankliche Verknüpfungen oder Zukunftsvorstellungen leiten und begleiten fast alles, was wir tun. Sie bestimmen unser inneres Leben ebenso wie unser nach außen gerichtetes Verhalten.

In spirituellen Zusammenhängen wird das Denken nicht selten grundsätzlich kritisch gesehen – kann sich seine alles strukturierende Kraft doch allzuleicht auch in seinen Schattenseiten von Schematismus, Festhalten an Konzepten oder intellektueller Erstarrung verlieren. Andere innere Qualitäten wie das Fühlen, das Erleben oder auch nur das bloße Wahrnehmen werden dagegen eher mit wünschenswerten Zielen wie Verbundenheit, Lebendigkeit und Ganzheit in Beziehung gebracht als das Denken. Ganz unzweifelhaft wissen wir alle, wie sich das Denken dazu einsetzen lässt, bestehende Positionen und Meinungen zu vertreten oder durch kalte Analyse die Phantasie oder spontane Kreativität zu verdrängen. Denken scheint, mit einem Wort, eher den Modus des Getrennt-Seins zu unterstützen. Es steht außerdem im Verdacht, das Instrument für eine lediglich subjektive, innere Vorstellungswelt zu sein, die uns von der wahren Wirklichkeit abhält. Solche Positionen werden heute auch von Seiten der Neurologie unterstützt, die von einer im Subjekt entworfenen Scheinwelt ausgeht und dieses Subjekt gleich mit zum Konstrukt („Ego-Tunnel") erklärt. Alte fernöstliche und postmoderne Positionen treffen sich in der Neigung, im Denken lediglich ein subjektives Konzept zu sehen, dem keine Wirklichkeit zukommt und das man am besten ganz fallen lässt.

Was wir im oben charakterisierten Sinne als instrumentelle und quasi-mechanische Rationalität kennen, bildet jedoch bei Weitem nicht das ganze Spektrum dessen, was Denken ausmacht. In der Philosophie und Anthropologie wird von jeher die Fähigkeit zu denken als Kriterium gesehen, das den Menschen zum Menschen macht und ihn vom Tier unterscheidet. Auch in vielen spirituellen Traditionen war immer schon und ist immer noch ein Bewusstsein dafür vorhanden, dass das Denken auf dem Weg zu unserem wahren Menschsein nicht ausgeklammert werden darf, dass ihm vielmehr sogar eine Schlüsselposition dabei zukommt: Das Bemühen, sich nicht von Gedanken treiben zu lassen, sich vielmehr Rechenschaft zu geben, warum ich bestimmten Gedanken folge; der Anspruch, soweit als möglich selbst zu überschauen, was Inhalt meines Bewusstseins wird und warum, solche Achtsamkeit kennzeichnet jede um Bewusstheit bemühte Lebensweise. „Achte auf Deine Gedanken, denn aus ihnen werden Gewohnheiten", weiß das mystische Judentum; im Buddhismus bildet der Wille zur Selbst-Distanzierung gegenüber dem uns antreibenden Gedankenstrom und die Aufforderung zum „rechten Vorstellen“ einen festen Baustein des achtfachen Pfads. „Verwandle Denken in ungestörte Intuition. Sei ganz Licht: Das ist Dein Ziel“, heißt es bei Sri Aurobindo. In der Anthroposophie Steiners spielt das Denken sogar für das meditative Leben selbst eine wichtige Rolle – doch davon später mehr.

Denken, Vernunft und Universalität

Aristoteles bezeichnete den Menschen als „animal rationale“, als das vernunftbegabte Lebewesen. Vernunft, also eine bestimmte Art von Ordnung bzw. Regelhaftigkeit prägt das Denken. Bis heute verbinden wir mit dem Begriff „Vernunft“ die Fähigkeit, uns nicht nur von kurzfristigen Antrieben bestimmen zu lassen, sondern uns nach Maßgabe der Vernunft zu verhalten. Damit meinen wir immer auch das Vermögen, zu uns selbst und zu jeweiligen Situationen einen Abstand einnehmen zu können. Durch vernünftiges Denken haben wir die Möglichkeit, eine Frage oder ein Problem nicht allein nach unserem subjektiven Dafürhalten und spontanen Eindruck zu beurteilen, sondern in einer Weise, die auch andere, umfassendere Perspektiven berücksichtigen kann. Das von der Vernunft geleitete Denken ist, mit einem Wort, das Vermögen, das Subjekt zu übersteigen, obwohl es gleichzeitig eine zuinnerst vom Subjekt getätigte Aktivität darstellt.

In der Epoche der Aufklärung war es die Entdeckung der Rolle dieses vernunftgeleiteten Denkens, das durch seine Universalität als zentraler und verbindender Bezugspunkt für die Gestaltung aller Lebensbereiche freigelegt werden konnte: Was unter Menschen als wahr und richtig gelten kann und soll, ob intellektuell, moralisch oder gesellschaftlich, ist seither nicht länger eine Frage von Glauben, äußerer Macht oder gesellschaftlich vorgegebenen Normen. Damit etwas Gültigkeit beanspruchen kann genügt es nicht, dass es immer so gemacht wurde oder dass die Mächtigen dieser Welt dies so festlegen, nein: Alles, was Geltung beansprucht, muss sich an für alle Menschen geltenden und nachvollziehbaren Gründen messen. Dass es solche allgemein gültigen, für jeden Menschen nachvollziehbaren und einsichtigen Gründe gibt, die sich aus dem vernunftgeleiteten Denken ergeben, wurde zum Ethos eines ganzen Zeitalters.

Wegen seines universellen Charakters trägt das Denken das Potenzial in sich, von den Begrenzungen der eigenen Subjektivität loskommen zu können. Von einem Gedanken, einer Idee erfüllt zu sein bedeutet, einen allgemein gültigen, über meine jeweilige subjektive Befindlichkeit hinausreichenden Inhalt einzusehen. In einer verfahrenen Situation, wo ich nur noch auf meine Grenzen zurückgeworfen scheine, kann ein einziger rettender Gedanke Befreiung und neue Perspektiven bringen. Einsehen heißt in diesem Sinne gerade das: mich verbinden können, ja für Momente sogar eins werden mit etwas anderem, einem Verstehen, einem Sinn, der mir ohne diesen Gedanken fehlen würde.

In seinem Buch über die Mystik zitiert Steiner zustimmend den zeitgenössischen Philosophen Paul Asmus, der über den Zusammenhang von Denken und Subjekt Folgendes festhielt: „Die Tätigkeit, uns in ein Anderes zu versenken, nennen wir ‚Denken'; im Denken hat das Ich seinen Begriff erfüllt, es hat sich als Einzelnes selbst aufgegeben; deshalb befinden wir uns denkend in einer für alle gleichen Sphäre, denn das Prinzip der Besonderung, das da in dem Verhältnis unseres Ich zu dem ihm Anderen liegt, ist verschwunden in der Tätigkeit der Selbstaufhebung des einzelnen Ich, es ist da nur die allen gemeinsame Ichheit".

Denken ermöglicht es, die Perspektive zu wechseln, hinein in das Andere oder auch in den oder die Andere. Herbert Witzenmann hat das Phänomen beschrieben, dass wir in Momenten von Selbstlosigkeit in der Lage sind, uns für Augenblicke selbst zu vergessen und vollständig die Gedanken eines anderen mitzuvollziehen und dabei auch die Eigenart des oder der Denkenden mitzuerleben. Für diese außergewöhnliche Erfahrung auf Grundlage des Denken prägte er den Begriff des „Wesenstausches". Sicher gelingt dieses Austauschen nicht immer restlos und wir verlieren auch im höchsten Denken nicht den Kontakt zu der Grundierung durch unsere jeweilige Subjektivität. Das ist auch gut so: Denn wir geben dadurch allgemeinen Ideen und Begriffen gleichsam einen neuen Geschmack, eine je eigene Aktualität, wir reichern sie durch eigene Erfahrung an und erweitern damit auch ihre Fülle. Jede(r) von uns hat eine etwas unterschiedliche Vorstellung, wenn wir Begriffe wie Schnee, Jahrzeiten, Verbindlichkeit oder Zuneigung denken; wir merken das spätestens dann, wenn wir uns über unsere Vorstellungen austauschen. Begriffe auf dieser Vorstellungsebene sind geistige Inhalte, die bereits stark durch individuelle Begleitumstände angereichert sind, von persönlichen Erfahrungen, durch die sie „eingefärbt" werden. Die Tatsache aber, dass wir uns überhaupt über das Verschiedene verständigen können und wissen, dass wir „dasselbe" meinen, zeigt gleichzeitig, dass wir uns dabei auf einen gemeinsamen Bezugspunkt – den für alle gleichen Begriff – beziehen, der selbst gar nicht auf eine einzelne Vorstellung festlegbar ist.

Das Nachdenken über die Frage, wie das Denken diese Verbindung unter uns Menschen schafft, führt zu einer weiteren zentralen Eigenschaft des Denkens: Seine Universalität und seine Allgemeingültigkeit. Diese ist nicht von anderem ableitbar, sondern beruht in sich selbst. Wohin wir auch sonst schauen: Die Natur, die menschlichen Beziehungen, das menschliche Innere: Immer begegnen wir Phänomenen, die durch sich selbst nicht verständlich sind, sondern nach einer Erklärung rufen – eben mithilfe des Denkens, das Begriffe zur Erklärung heranzieht. Beim Denken selbst aber brauchen und können wir nicht auf anderes zurückgreifen als auf das Denken. Bei der Auseinandersetzung mit dem Denken ist etwas möglich, was sonst nicht funktioniert: Dasjenige, was wir befragen und dasjenige, womit wir es befragen, sind ein und dasselbe. Jede äußere Wahrnehmung ist für sich selbst unverständlich; ein Begriff dagegen ist bereits als Begriff bedeutungsvoll. „Das Unverwechselbare an der Vernunft ist, dass sie uns direkt mit der Wahrheit verbindet", drückt es der Philosoph Thomas Nagel aus. „Die Wahrnehmung verbindet uns nur indirekt mit der Wahrheit" (*Geist und Kosmos*).

Auch der oft unternommene Versuch, das Denken durch anderes zu erklären: durch biologisch-evolutionäre Vorgänge, durch sozialkulturelle oder neurologische Prozesse – immer wird bei solchen Erklärungen schon Denken (man denke nur an so grundlegende begriffliche Verknüpfungen wie das Verhältnis von Ursache und Wirkung!)

vorausgesetzt, wenden wir die – immer schon vorgängigen – Grundverbindungen des Denkens, des Begründens und logischen Verknüpfens an, die schon in den allerersten Fragen auftauchen, die wir stellen: Warum? Woher? Wie? Das Denken umgibt uns immer schon, es bildet eine Sphäre, die umfassender ist als die Summe der Subjektivitäten.

Thomas Nagel hat die nichthintergehbare Umfassendheit denkender Vernunft an einem Gedankenexperiment schlagend verdeutlicht, das die Möglichkeit widerlegt, das vernünftige Denken als Überlebensvorteil zu erklären, der im Verlauf der Evolution entstanden sei: „Es ist nicht möglich zu denken: ‚Das Vertrauen in meine Vernunft, einschließlich meines Vertrauens in genau dieses Urteil ist berechtigt, weil es damit im Einklang steht, dass es eine evolutionstheoretische Erklärung dafür gibt.' Jedwede evolutionistische Darstellung des Stellenwerts der Vernunft setzt daher die Gültigkeit der Vernunft schon voraus und kann sie nicht ohne Zirkelschluss bestätigen" (*Geist und Kosmos*). Im Mitdenken dieses Experiments wird wieder die nichthintergehbare, ursprüngliche Qualität des Denkens erlebbar, die jede Subjektivität übersteigt.

Die dennoch bestehende Neigung, das Denken unserer Subjektivität zuzuschreiben, entspricht der unleugbaren Tatsache, dass wir es immer selbst sind, die denken. Denken ist immer unsere Tätigkeit. Dass dies nicht bedeutet, dass die Inhalte des Denkens selbst subjektiv bzw. rein konzeptuell wären, widerspricht dem aber nicht. Es ist einfach nicht möglich, die Selbstbegründung des Denkens zu hintergehen. Das bedeutet freilich nicht, dass wir dieser Selbstbestimmung des Denkens gegenüber nicht frei wären – wir können Zusammenhänge auch übersehen oder ignorieren, sie da bilden, wo sie sich später nicht als passend erweisen, wir können irren. Aber auch den Irrtum durchschauen wir wiederum von der über-subjektiven Perspektive des Denkens her.

Am deutlichsten zeigt sich die hier gemeinte Selbst-Bestimmtheit der Denkzusammenhänge in der Logik. Logische Verknüpfungen erfahren wir als einen in sich selbst bestehenden und durch nichts anderes begründbaren Zusammenhang. Die Begriffe „Ursache" und „Wirkung" sind ein gutes Beispiel dafür: Sie sind nur mit einander verständlich, sie bedingen sich wechselseitig; indem ich „Ursache" denke, ist „Wirkung" bereits implizit mitgedacht und umgekehrt. Der Selbst-Zusammenhang und das Selbst-Erklärungspotenzial der Begriffe untereinander bestimmt aber jede Form des Denkens und des denkenden Fragens und Forschens. Das Phänomen, dass sich alle Begriffe gegenseitig erklären und so einen in sich verflochtenen, alles umfassenden Zusammenhang bilden, lässt uns das Denken auch als ein organisches Phänomen verstehen: Denn wie bei einem Organismus handelt es sich auch beim Denken um etwas, bei dem alle Teile desselben sich gegenseitig tragen und bedingen. Wenn ich mir diesen Charakter des Denkens als Organismus klarmache, kann ich auch zu dem Gedanken kommen: Nicht ich denke die Gedanken, sondern ich bewege mich denkend in einem in sich selbst begründeten (organischen) Weben des Denkens; nicht wir haben das Denken, das Denken hat uns.

Lebendiges, sich des organischen Charakters von Denken bewusstes Denken ermöglicht so eine fundamentale Erfahrung von Nicht-Getrenntheit, sowohl gegenüber den

Dingen als auch im Blick auf das von uns allen geteilte, denkend geführte und gefüllte Bewusstsein.

Denken und spirituelle Erfahrung: Bewusstsein von Bewusstsein

Beim Denken des Denkens kann es, wenn die Gefahr eines bloßen Spekulierens und rationalen Ableitens vermieden wird, zu einer Überwindung der sonst immer bestehenden Trennung von Subjekt und Objekt kommen: Im Denken des Denkens werden denkendes Subjekt und gedachtes Objekt eines. Diese Entdeckung lässt sich als innere Erfahrung – gleichsam meditativ – ausdehnen.

Eine Form um zu charakterisieren, was spirituelle Erfahrung bedeutet, liegt in der Möglichkeit, dass sich Bewusstsein als Bewusstsein selbst erfasst. Die Fähigkeit, Bewusstsein abgesehen von bestimmten Inhalten, ja unter Ausschluss von Inhalten, als solches zu erfahren, ist eine Schlüsselerfahrung aller Spiritualität. Der dann eintretende Zustand wird auch jener der Leere genannt, weil nichts als (reines) Bewusstsein wahrgenommen wird. Dieser Zustand wird normalerweise gerade unter Ausschaltung jeden Denkens möglich. Es ist aber auch der genau umgekehrte Ansatz möglich, indem die Befangenheit des Verstandes-Denkens sozusagen von innen heraus durchbrochen wird: Nämlich so intensiv in den Vollzug des Denkens hineinzugehen, dass die Aufmerksamkeit nicht mehr auf den vordergründigen Inhalt fixiert ist, sondern zur Erfahrung der sich selbst tragenden, reinen Bewusstheit durchstößt, die im tätigen (Mit-)Vollziehen des Denkens entsteht. Anknüpfend an grundlegende Überlegungen der idealistischen Philosophie z.B. Hegels hat Steiner genau diesen Weg beschrieben und regelrechte Meditationshinweise gegeben, „Denk-Formeln", bei denen es nicht auf den Inhalt ankommt, sondern auf den Vollzug, der „ins Leere" führt – oder auch in die lebendige Fülle des sich selbst tragenden Denkens, ganz wie man will. „Ich empfinde mich denkend eins mit dem Strom des Weltgeschehens", lautet eine dieser Formeln Steiners, bei der das Ruhen in diesem Inhalt mit dem schöpferischen Hervorbringen seiner Realität eins wird.

Von Ken Wilber kennen wir Beschreibungen eines Bewusstseinszustandes, in welchem wir nicht aus der Perspektive unserer Ich-Zentrierung auf außer uns befindliche Objekte blicken, sondern wo wir uns in einem umfassenden Aufmerksamkeits-Raum befinden, in dem wir sämtlicher uns umgebender Phänomene – Raum, Gegenstände, Temperatur – und von innen auftretender Phänomene – Gefühle, Empfindungen, Gedanken – einfach nur gewahr sind. Wir wissen zwar, dass der Kontakt zu unserem Subjekt-Sein auch bei dieser Form gewahrenden Bewusstseins nicht abreißt – es ist aber nicht unser gewohntes, selbst-zentriertes Subjekt, das diese Erfahrung macht. Vielmehr tauchen, und hier liegt das Überraschende, auch wir als Subjekt, als das wir uns gewohntermaßen erleben, in der Reihe der Phänomene innerhalb dieses gewahrenden Bewusstseins auf. Wilber spricht hier vom „Zeugen" und vom „Zeugenbewusstsein", das allerdings keineswegs mit dem reflektierenden, ich-bezogenen Zustand identisch ist, bei dem wir als Subjekt Objekten gegenüberstehen.

Wo liegt der Zusammenhang mit dem Denken? Auch das Denken kann durch die Wendung auf sich selbst

Ausgangspunkt eines solchen Zeugenbewusstseins werden. Steiner spricht in seinen erkenntnistheoretisch-spirituellen Werken allerdings nicht von einem „Zeugen", sondern von einem universellen Selbst oder „All-Ich". Es wird dann bewusst, wenn wir im Denken die Getragenheit von einem umfassenden Weltzusammenhang bemerken, der alle Individuen übergreift und dessen Glied die Individuen sind.

In diesem Bewusstseinszustand bemerken wir auch, dass der duale Zustand der Trennung von Subjekt und Objekt im Erfahren des Denkens aufgehoben ist: Wir denken nicht, weil wir Subjekte sind, sondern wir bezeichnen uns als Subjekte, weil wir zu denken vermögen, sagt Steiner sinngemäß in der *Philosophie der Freiheit*. Es ist dann nicht mehr entscheidend, dass es das Subjekt ist, das denkt, sondern dass ich mich durch das Denken erst als Teil der Subjekt-Objekt-Konstellation erkenne. Diese Tatsache kann nur aus einer dem gewöhnlichen Subjekt übergeordneten Perspektive gemacht werden – der Perspektive des „Zeugen", hier verstanden nicht als Subjekt-Ich, sondern als „All-Ich". Denken im Sinne dieses Zeugenbewusstseins kann so bereits selbst Ausdruck spiritueller Erfahrung werden: „Das gemeinsame Urwesen, das alle Menschen durchdringt, ergreift somit der Mensch in seinem Denken", sagt Steiner. „Das mit dem Gedankeninhalt erfüllte Leben in der Wirklichkeit ist zugleich das Leben in Gott."

Denken und Wirklichkeit

Ein weiterer wichtiger Komplex, der sich hier anschließt, ist das Verhältnis von Denken und Wirklichkeit. Die meisten modernen erkenntnistheoretischen Ansätze wie auch postmoderne spirituelle Konzepte laufen darauf hinaus, dass im Denken lediglich ein subjektives Abbild, ein „Konzept" der Welt, vorliegt. Wir haben bereits gesehen, dass diese Zuschreibung des Denkens als nur „subjektiv" oder auch als konstitutionelle Befangenheit des Menschen nicht haltbar ist. Von der Selbstvergewisserung der sich selbst tragenden, übersubjektiven Natur des Denkens muss aber ein weiterer wichtiger Schritt zu der Frage gehen, ob und inwiefern wir mit dem Denken die Wirklichkeit, das Sein der Dinge erreichen. Ebenso wie Hegel, Heidegger oder in unserer Zeit der Philosoph Wolfgang Welsch (*Mensch und Welt. Philosophie in evolutionärer Perspektive*) kommt auch Steiner zu dem Ergebnis, dass uns das Denken tatsächlich mit der Essenz der Dinge verbindet, dass es „welthaltig" ist, wie es Welsch formuliert (wohl ohne jedoch die hier vertretene Identität von Sein und Denken zu teilen). Das denkende Erkennen ermöglicht eine Innen-Offenbarung der Dinge im Bewusstsein des Menschen. Als Begriff erscheint im Menschen, was wirkende Idee im Sein ist: „Im Innern leuchtet ein Licht, das seine Leuchtkraft nicht nur auf dieses Innere beschränkt. Es ist eine Sonne, die zugleich alle Wirklichkeit beleuchtet ... unser eigenes beschränktes Individuum stellt sich geistig in den großen Weltzusammenhang hinein, weil in ihm etwas auflebt, was übergreifend ist über dieses Individuum, was alles mitumfasst, dessen Glied dieses Individuum ist", so Steiner in *Die Mystik.*

In der *Philosophie der Freiheit* lädt Steiner zu einem Gedanken-Experiment ein, durch das wir den Schauplatz-Charakter unseres eigenen Bewusstseins erfahren und dabei mitvollziehen können, wie sich als Ergebnis unseres mitschöpferischen Inneren ein inhaltlich Wirkliches zeigt. Steiner fragt: Könnte der Begriff einer Pflanze (den wir normalerweise ja als eine „sachfremde", subjektive Hinzufügung zur „eigentlichen" Wirklichkeit der Pflanze ansehen) nicht vielleicht ebenso zu dieser Pflanze gehören wie Wurzeln, Stängel, Blätter und Blüte? Wäre der Begriff der Pflanze somit nicht eine weitere Dimension ihrer selbst, nur dass diese nicht an der Pflanze, sondern im Medium des denkenden Bewusstseins zur Erscheinung kommt? Stimmt die Trennung in „Innen" und „Außen" vielleicht gar nicht? Wäre unser Erkennen vielleicht gar nicht ein Geschehen außerhalb der Welt, sondern etwas, das als organische Fortsetzung zur Welt dazugehört? Schließlich sind wir selbst und unser erkennendes Bewusstsein doch keine Fremdkörper, sondern eine konsequente Fortsetzung der Weltentwicklung! Mit solchen Überlegungen beginnt sich die gewohnt „klare" Trennung von Subjekt und Objekt aufzulösen mit dem Ergebnis: Ja, der Begriff der Pflanze gehört zur Pflanze selbst, und dass wir ihn fassen können, ist gleichzeitig die Ursache unserer Verbindung mit ihr. In uns selbst kommt zur Erscheinung, was in der Pflanze am Werk ist.

Um das zu verstehen, müssen wir allerdings einen experimentellen Ort außerhalb oder oberhalb unseres gewohnten Gegenstandbewusstseins einnehmen: nämlich den, wo wir die Pflanze und uns selbst als Betrachtende von einem dritten Standpunkt aus ansehen. Von diesem Standpunkt aus sehen wir uns selbst als den Ort, wo die Pflanze gewissermaßen vervollständigt wird um die Dimension ihres eigenen Bewusstseins – was in ihr sinnvoll wirkt, kommt in uns als Menschen sinnvoll zum Bewusstsein. Von dieser neuen, höheren Perspektive aus, die nicht mehr die Perspektive des in sich abgeschlossen und reflektierenden Bewusstseins ist, erweist sich das Denken als ein Phänomen „jenseits von Subjekt und Objekt". Steiner drückt es so aus: „Wir sehen in uns eine schlechthin absolute Kraft zum Dasein kommen, eine Kraft, die universell ist."

Tod und Erneuerung des Ich

Hier wird nun bereits der ins Meditative führende „Schulungsaspekt" spürbar, der mit unserer Ausgangsfrage zu tun hat, inwiefern ausgerechnet das Denken etwas mit dem Ur-Anliegen der Überwindung unserer subjektiven Begrenztheit zu tun haben sollte. Denn sobald man beginnt, das Denken nicht mehr „automatisch" als Mittel der intellektuellen Orientierung zu verwenden, sondern auf sein „Eigenwesen", seine absolute Dimension, zu achten, ändert sich auch etwas mit uns als Subjekten. Alle anderen Phänomene, die in unserem Inneren auftreten, haben ihren Charakter darin, uns etwas Äußeres zu spiegeln und die besondere Rolle unseres Selbst anzuregen: Gefühle insbesondere haben diesen Charakter, uns selbst in unserer persönlichen Besonderheit „Nahrung" zu geben, auch Erinnerungen (ob gute oder schlechte) sowie Phantasievorstellungen über die Zukunft unterstützen das Festhalten an uns selbst, wie dies z.B. Eckart Tolle sehr schön beschreibt. Wer auf die universelle Dimension des Denkens aufmerksam wird, bemerkt dagegen, dass während dieses Denkens die Position des Denkenden als eines besonderen, abgetrennten Wesens nebensächlich wird.

Steiner fasst dies in einer Formulierung zusammen, die, indem man sie denkt, sich selbst als eine Art Meditationsformel erweisen kann, weil im Vollziehen der Inhalt genau das ist, was man vollziehend erfährt:

„… indem wir denken, sind wir das all-eine Wesen, das alles durchdringt …"

Der Vollzug wird hier zum Inhalt selbst, der Unterschied von Selbst (Innen) und Inhalt (Außen) für den konkreten Moment aufgehoben: das Selbst („wir") ist nichts anderes als das Sein des all-einen Wesens, das sich in unserem Vollziehen vollzieht.

An dieser Stelle wird jeder spezielle Inhalt des Denkens unwichtig, spielt keine Rolle mehr. Es geht nicht mehr darum, etwas Bestimmtes zu denken, denn das würde einen Rückfall in die Trennung bedeuten. Vielmehr geht das Denken über in reine Bewusstheit. Und man erfährt: „mein" Bewusstsein ist eines mit dem reinen Bewusstsein. Das reine Bewusstsein ist das Ursprünglichste, was sich erfahren – und denken lässt. Auch mein eigenes Wesen als Subjekt, mein Ich, geht aus diesem vorgängigen absoluten Bewusstsein erst hervor, indem ich mich von ihm unterscheide und reflektierend als davon Unterscheidbares erfahre. Wer sich in ein solches Verhältnis dem Denken gegenüber begeben kann, das ihn zum

All-Einen führt, der erfährt etwas, was immer schon Thema der spirituellen Wege war und auch weiter ist: Er gibt sein begrenztes, reflektierendes (kleines) Selbst auf und erhält in der Hingabe an das Denken als selbstbestimmtes Geschehen eine höhere Identität zurück, die in nichts „Festhaltbarem" besteht, sondern nur insoweit überhaupt existiert, als ich von diesem Absoluten (All-Einen) zurückbestimmt werde, wie dies Herbert Witzenmann bezeichnet hat. Interessant ist, dass auch der große west-östliche Brückenbauer Sri Aurobindo von einer solchen Veränderung der persönlichen Dimension spricht, die durch das All-Eine – bei ihm: Brahman – „aufgehoben" wird: Der wahre Gottsucher wird für Aurobindo „am Ende in die Seligkeit des Brahman eingehen und dauernd in ihr leben, und für all dies ist es nicht notwendig, dem Dasein aus dem Weg zu gehen oder die Vernichtung der spirituellen Person in irgendeinem selbstauslöschenden ‚Nirwana' zu suchen. Er kann das Göttliche in seinem Selbst wie auch in der Natur verwirklichen ... Er wird in und mit Gott leben ... Ja in ihn eintauchen und alle trennende Persönlichkeit vergessen, ohne sie jedoch in Selbstauslöschung zu verlieren" (*Die Offenbarung des Supramentalen*). Weitere hoch spannende Parallelitäten zwischen den Werken Steiners und Aurobindos hat auch Klaus J. Bracker in seinem Buch *Veda und lebendiger Logos* herausgearbeitet.

Wir kommen hier zu neuen und zugleich ursprünglichen Lebensformen des Selbstes oder des Ichs, die mit unserem gewohnten, biographischen Selbst und den alltäglichen Formen von Identität kaum noch etwas zu tun haben. Steiner spricht von der „Beobachtung einer seelisch-geistigen Ich-Wesenheit", die sich als ein „neues Selbst aus demjenigen Selbst herausgehoben (hat), das nur an die physischen Sinne und den physischen Verstand gebunden ist" *(Geheimwissenschaft im Umriss).* Wir gelangen mit anderen Worten zu der Erfahrung eines über-persönlichen, umfassenderen, Höheren Selbstes wie es auch viele andere spirituelle Wege kennen und das in einer Wirklichkeit jenseits des isolierten Reflexionsbewusstseins „aufgehoben" ist.

In diesem Prozess, unser alltägliches, an das nur reflexive und sich selbst nicht bewusste Denken gebundene Ich aufzugeben und es im Durchgang durch die Sphäre des sich selbst tragenden Denkens wiederzugewinnen, liegt eine Berührungsstelle mit der Bedeutung von „Leere", wie sie in vielen anderen Ansätzen interpretiert wird. Verglichen mit der Verfestigung des Ich im reflektierenden Denken verlangt das Gewahrwerden des lebendigen Denkens ein völliges Absehen von sich selbst, ein Loslassen des kontrahierten Ich. Das „tiefe" Ich erhält sein Sein nicht von „Formen", sondern von der „Leere", von der reinen Tätigkeit her, die sich dem Inhalt aktiv zur Verfügung stellt. Was hat dieses höhere oder tiefere Ich, das sich aus dem Absoluten bestimmen lässt, noch mit dem gewöhnlichen Verständnis von Individualität zu tun? In seinem Buch über die Mystik schreibt Steiner dazu: „Das Verständnis für die Aufhebung des Individuellen, des einzelnen Ich zum All-Ich in der Persönlichkeit betrachten tiefere Naturen als das im Innern des Menschen sich offenbarende Geheimnis, das Ur-Mysterium des Lebens".

Von hier aus wird aber nun auch umgekehrt deutlich: Der Tatsache, dass das „Eigenleben" des Denkens normalerweise unbewusst verläuft, verdanken wir unser normales Selbstbewusstsein, das in der Trennung verbleibt; und es hat sogar eine gewisse Notwendigkeit, dass die Universalität und Lebendigkeit des Denkens zunächst unbewusst verläuft – sonst käme es gar nicht zu einem Zustand der Dualität. So aber braucht es eine zusätzliche Anstrengung, sich im Eigenleben des Denkens selbst aufhalten zu können – das eben ist die Aufgabe der Denk-Meditation oder denkenden Mystik.

Hierzu eine konkrete Übungsbeschreibung durch Steiner: „Man kann die Tätigkeit des Denkens als solche in das Geistesauge fassen. Man kann zum Beispiel einen Gedanken in den Mittelpunkt des Bewusstseins rücken, der sich nicht auf Äußeres bezieht, der wie ein Sinnbild gedacht ist, bei dem man ganz unberücksichtigt lässt, dass er etwas Äußeres abbildet. Man kann nun in dem Festhalten eines solchen Gedankens verharren. Man kann sich ganz einleben nur in das innere Tun der Seele, während man so verharrt. Es kommt dabei nicht darauf an, in Gedanken zu leben, sondern darauf, die Denktätigkeit zu erleben. Auf diese Weise reißt sich die Seele los von dem, was sie ihm gewöhnlichen Denken vollführt. Man wird auf diesem Weg nur etwas erreichen, wenn man nicht zurückschreckt davor, sich zu gestehen, dass die Selbsterkenntnis der Seele nicht einfach angetreten werden kann, indem man nach dem Innern schaut, das stets vorhanden ist, sondern vielmehr nach demjenigen, was durch innere Seelenarbeit erst aufgedeckt werden muss" *(Skizzenhafter Ausblick auf eine Anthroposophie)*.

Fassen wir zusammen: Das Erlangen des Bewusstseinszustandes der Leerheit ist nötig, wenn Freiheit möglich sein soll: denn wir brauchen das Eintauchen in die Leerheit, das Unterbrechen des Stroms der unbewussten Determination, um buchstäblich aus dem Nichts heraus neue, originäre Entscheidungen treffen und Handlungen ausführen zu können.

Von heute aus betrachtet ist es aufschlussreich zu sehen, in welchem geistesgeschichtlichen Kontext Steiners philosophische Bemühungen um den Begründungszusammenhang von Freiheit und Leerheit stattfanden. Im letzten Drittel des 19. Jahrhunderts hatte sich nämlich die Philosophie in Deutschland auf den Versuch konzentriert, ihren durch die aufkommenden Naturwissenschaften bedrohten Anspruch auf eine Leitwissenschaft durch den Versuch zu legitimieren, eine voraussetzungslose Erkenntnistheorie allen Wissens begründen zu können.

Bereits Kant hatte den Umschwung herbeigeführt, dass bei allem Erkennen das Subjekt beteiligt sei und somit das Subjekt bei sich selbst Umschau halten müsse, welche spezifischen Bedingungen es zum Erkennen der Welt mitbringe. Eine Reihe von damals führenden akademischen Philosophen sahen dabei die zentrale Herausforderung darin, einen Ausgangspunkt oder Zustand des Erkennens auszumachen, der (noch) von sämtlichen Vorgaben frei sei – eben voraussetzungslos.

In diese Debatte mischte sich auch Steiner ein und zeigte dabei zunächst, dass die auf Kant bezugnehmenden kritischen Ansätze selbst (unbemerkt) eine massive Voraussetzung in ihr Denken hineintrugen: das Urteil nämlich, wonach sämtliches Wissen von der Welt lediglich aus menschlich-subjektiven Vorstellungen bestehe. Dies schien im Gegensatz zu der – überwunden geglaubten – naiven Ansicht, alles was uns als Wirklichkeit erscheine, sei „an sich" wirklich, zunächst nur zu verständlich. Angesichts der methodischen Forderung nach einem voraussetzungslosen, von allen Vor-Annahmen befreiten Anfang allen Erkennens bedeutet es jedoch einen klaren Widerspruch, wenn das Urteil der Subjektivität des Erkennens unbefragt an den Anfang einer Erkenntnistheorie gestellt wird.

Steiner wählte einen anderen Weg. Er knüpfte dabei an Überlegungen des Neukantianers Johannes Volkelt an, der den Bereich dessen, was vor aller Beurteilung Inhalt des Bewusstseins werden kann, als „reine Erfahrung" bezeichnete, frei von jeglicher Bewertung und Verknüpfung. Diesem Zustand der reinen Erfahrung nähert man sich in einem Prozess der schrittweisen Negation und Reduktion von spezifizierten Inhalten und Bedeutungen im Bewusstsein – also in einem Zugehen auf einen Zustand, der Meditierenden auch als Entleerung des Bewusstseins vertraut ist.

Diese Entleerung führt zu einem Zustand des bloßen Gewahrens. In diesem Gewahren gibt es keine Differenzierung mehr, keine Verbindung, keine Wertung, keine Orientierung und keine Bezüglichkeit. Zuletzt wäre sogar die Annahme eines Subjektes, das der Operator dieses Gewahrens wäre, selbst eine unzulässige Bezüglichkeit. Zu diesem Punkt müsse man gelangen, so Steiner, „ohne einen Träger desselben auch nur zu erwähnen“ (*Wahrheit und Wissenschaft*).

Wollte Steiner vielleicht den Drang der Philosophie zur Voraussetzungslosigkeit in Richtung einer methodisch beschreibbaren Erfahrung mystischer Leere vorantreiben? Die Frage muss und darf hier offen bleiben.

Evolution und Individualität: Der bewusste Schwarm

Freiheit, diese für Steiner so zentrale Größe, bedeutet im Sinne des bisher Ausgeführten den Zustand, sich selbst in seinem tiefsten Wesen und in seinem bewussten Verhalten in Einklang mit dem Einen der Welt zu wissen. Eine solche bewusst gelebte Freiheit erschöpft sich aber keineswegs darin, sich diesem Einen zu unterstellen und lediglich auszuführen, was in ihm schon enthalten ist. Freiheit im Sinne Steiners ist nicht das Aufgehen des Einzelnen oder möglicherweise gar sein spurloses Verschwinden in der Einheit, sondern es bedeutet, im Bewusstsein dieser Einheit etwas Neues, so zuvor nicht Vorhandenes in die Welt zu bringen. So gesehen ist menschliche Freiheit die ständig zu leistende Fortführung der Evolution, die auch uns Menschen als Naturwesen aus sich hervorgehen ließ, aber mit der menschlichen Freiheit ein gewisses Ende erreicht. Denn innerhalb des evolutionären Werdens gibt es zwar schon alles, was dann auch im Menschen anzutreffen ist: Stoff, Leben, Intentionalität, Beziehung und Bewusstsein – aber im Menschen kommt all dies auf eine neue Stufe – hingeordnet zu und durchtränkt von Freiheit.

Bis vor Kurzem galt für die Erklärung der Evolution ein materialistischer Reduktionismus, der die nacheinander auftretenden Gebilde und Formen zunächst im Anorganischen und des Weiteren die Gestalten des Organischen als Folge materieller Zufälle und Komplizierungen erklärte. Neuerdings gibt es aber auch ernstzunehmende wissenschaftliche Stimmen, die darauf hinweisen, dass die Erklärung des Auftretens von Leben und Bewusstsein als Folge der Komplikation von Materie in Wahrheit keinen echten Erklärungsgehalt besitzt, sondern lediglich das bisherige Fehlen einer wirklichen Erklärung überdeckt. Thomas Nagel meint stattdessen in seinem Buch *Geist und Kosmos*, dass es einer alternativen Theorie bedürfte, die den Faktor von intellegiblem Bewusstsein nicht als zufälliges Spätphänomen der Evolution deutet, sondern als inhärentes Moment der Natur selbst sieht. Damit hält auch das teleologische, d.h. mit einer Ausrichtung auf ein Ziel rechnende Denken in die Evolutionstheorie Einzug – allerdings ohne dass damit ein äußerer Determinismus verbunden sein müsste. Ähnlich hat auch der Evolutions-Paläontologe Simon Conway Morris von der Universität Cambridge in seinem Buch *Inevitable humans in a Lonely Universe (Jenseits des Zufalls. Wir Menschen in einem einsamen Universum)* den Menschen als ein Phänomen verstanden, dass von Beginn an in der Entwicklung des Kosmos veranlagt gewesen sein muss.

Aus naturwissenschaftlichen Überlegungen entspringend und ohne jede Anlehnung an religiöse Hintergründe, erinnern solche Überlegungen an uralte Vorstellungen von einer menschlichen Urform, die am Anfang der Welt stand und die in vielen Mythologien vorkommen, zum Beispiel auch in der jüdischen Mystik in Gestalt des „Adam Kadmon", eines die ganze Welt enthaltenden Archetyps am Beginn allen Werdens.

Auch bei Steiner gibt es eine solche Geschichte des Werdens, die von einer von Beginn an ineinander verwobenen Schöpfung von Welt und Mensch erzählt. Sie bildet ein längeres Kapitel in seinem Buch *Die Geheimwissenschaft im Umriss,* ein Titel, der heute leicht befremdlich wirkt, weil er an den Sprachgebrauch der damaligen theosophischen Esoterik anknüpfte. Im Kern führt diese Erzählung die Idee des jungen Steiner vom Weltengrund, der sich in die Welt hinein ausgießt, bis in erstaunliche Einzelheiten aus. Als Keim ist der Mensch demnach bereits in den frühesten Stadien der Entwicklung des Kosmos enthalten (siehe dazu auch das Kapitel IV dieser Schrift). Die großen Stufen der Evolution lesen sich wie die makrokosmische Ausformung dessen, was als Mikrokosmos später die Form des Menschen ergeben wird: Aus purer Energie wird feste Materie, die im Menschen zur Grundlage seines Körpers wird; kosmische Evolution geht in terrestrische Evolution über; wiederholt verändert die Erde von Katastrophen begleitet ihre Form.

Die Entwicklung der Welt mit ihren Wesen ist für Steiner eine Verschränkung zweier Richtungen: Evolution und Involution. Die (aufsteigende) Evolution der Dinge und Wesen folgt dem Prinzip wachsender Komplexität und Selbständigkeit. Die großen Entwicklungsstufen vom Anorganischen zum Organischen, vom Leben zu bewusstem Leben und vom Bewusstsein zum Selbstbewusstsein werden dabei nicht als bloße Komplikationssteigerungen verstanden, sondern im Sinne von Emergenzen eines ursprünglich Geistig-Bewusstseinsartigem, das sich seinerseits als absteigende Involution stufenweise mit dem aufsteigenden Strom materiegestützer Evolution durchdringt und verbindet.

So ist Geist auf der Stufe des Lebens Geistiges, das sich noch nicht selbst weiß, aber Materie bereits organisiert. Durch den Abschluss eines Inneren nach außen, durch Stoffwechsel, Vermehrung und vor allem durch die aktive eigenständige Gestalterhaltung realisiert sich hier eine erste Form von Selbst-Äußerung des Geistes. Durch Wachstum und bei den höher entwickelten Pflanzen vor allem auch durch das Heraussetzen bestimmter zeitlicher Folgen von Gestalten entwickelt das Lebendige eine erste Stufe von Eigenständigkeit, die wie aus sich heraus Formen im Zeitverlauf entstehen lässt – im Unterschied zur mineralischen Welt, in der es eine Veränderung von Gestalt nur durch äußere Einflüsse ohne einen Ansatz von „Innerlichkeit" gibt. In der Pflanzenwelt ist der Geist eine erste Stufe weit wirkend in die Sichtbarkeit der manifestierten Welt getreten. Die Entwicklungsrichtung der Evolution über die Stufen des Anorganischen, des Organischen, die beseelte Welt bis hin zum Menschen hat der Philosoph Hans Jonas (*Organismus und Freiheit*) unter dem Leitaspekt der Zunahme an Freiheit gedeutet. Die Zelle als einfachste Form des Lebens ist so gesehen das Urbild für Autonomie und selbsterhaltende Identität. Ähnlich sehen von der Anthroposophie inspirierte naturwissenschaftliche Goetheanisten wie Bernd Rosslenbroich die Zunahme von Autonomie als Leitmotiv der Evolution am Werk.

Die Wirksamkeit des Geistes in der Materie nimmt in der Tierwelt eine nächste, weiter entwickelte Form an: Hier kommt das Phänomen der Innerlichkeit selbst zur Erscheinung, die ein Äußeres in sich aufnimmt (Empfindungen, Erlebnisse) und sich auf ein Äußeres beziehen kann (Reflexe, Aufmerksamkeit, Bewegungen etc.). Diese grundsätzliche Gerichtetheit (Intentionalität) ist es, die Bewusstsein ausmacht. Hier emergiert also Geist auf einer Stufe, wo er sich als ein sich Äußernder und anderes in sich Aufnehmender geltend macht. Dies beginnt bei den einfachsten bewegungsfähigen Lebewesen und steigert sich in den höheren Tieren mit komplexem Hirn und Nervensystem zu Vorformen von Kommunikation, Lernverhalten und Kultur. Allerdings vollziehen sich diese Ausdrucksformen in einem durch gattungsmäßig festgelegte Instinkte vorgegebenen Rahmen und ohne dass diese Verhaltensformen reflektiert werden könnten. Gegenüber dem Tierreich ist es keine Einzelheit und kein einzelnes Merkmal, weder anatomisch noch psychisch, das den Menschen unterscheidet; auch der Werkzeuggebrauch etwa ist kein singuläres menschliches Alleinstellungsmerkmal. Menschsein bedeutet, dass das Ganze auf ein höheres Niveau gehoben wird: Das Niveau der Freiheit, die durch Reflexion möglich wird, durchzieht sein ganzes So-Sein und Verhalten.

Ein schönes Wort des frühen idealistischen Philosophen Friedrich Christoph Oetinger (1702-1782) spricht von der „Leiblichkeit als Ende aller Wege Gottes". Damit ist darauf hingewiesen, dass der Mensch in gewisser Weise das am weitesten entwickelte Wesen der Natur ist. Sein Gehirn ist das komplexeste Gebilde, das es im Universum gibt. Gleichzeitig kommt in ihm aber auch etwas zum Abschluss: Der Mensch bildet das Ende jeder vorgegebenen Wesensbestimmung.

Während man auch höher entwickelte Tiere durch ihren spezifischen Lebensraum definieren kann, durch ihre äußere Gestalt, ihre Anpassung und Instinktausstattung, hat man vom Menschen noch nichts Wesentliches verstanden, wenn man seine biologische oder auch psychisch-gattungsartige Ausstattung verstanden hat; der Mensch hat – anders als Tiere – keine bestimmte Umwelt, „er hat Welt", wie der Philosoph Arnold Gehlen gesagt hat. Zwar verfügt er auch über eine Ausstattung mit Instinkten und vorgegebenen Verhaltensmustern wie die Tiere, aber bei ihm kommt das Nicht-Festgelegte hinzu, das sich bis in die anatomische Ausstattung hinein zeigt: In seiner aufgerichteten Gestalt, die ihn schon physisch aus dem mehr eingebetteten, horizontal ausgerichteten Lebensgefühl der meisten Tiere heraushebt, in seinem Gesicht, das ihn in ein Gegenüber zur Welt bringt, und in seinen Händen, die nicht auf eine bestimmte Werkzeugfunktion festgelegt sind sondern eine universale Ausrichtung auf die Gestaltung der Welt eröffnen.

Die Evolution gelangt, so gesehen, im Menschen an ein natürliches Ende, vor allem aber auch zu einem Wissen über sich selbst. Natürliche Evolution wird zu kultureller Evolution – und lässt uns in einem Raum zwischen Instinkt und Freiheit Raum zu individueller Entwicklung.

Damit dämmern die Anfänge der Geschichte auf: Die Evolution von Erde und Natur hat bis zu einem Leib geführt, den der Mensch in der frühesten Zeit seiner kulturellen Entwicklung durch seinen Gebrauch weiter formt: Äußere Gestalt, Muskulatur, Knochenbau und das Gehirn als Träger des Geistes entwickeln sich weiter. Geschichte beginnt, zunächst als Ereignisfolge kollektiver Systeme, als Entwicklung ganzer

Ethnien und Stämme, aus denen nur einzelne überpersönliche „Eingeweihte", Urmütter oder Priesterkönige herausragen. Elementare zivilisatorische Techniken werden gestiftet. Die eigentliche Kulturentwicklung beginnt, in der sich der Geist durch bildlichen Ausdruck, Aufzeichnung und Erinnerung allmählich seiner selbst bewusst wird.

Die Abfolge der Hochkulturen charakterisiert Steiner – dabei die späteren historischen Typologisierungen etwa von Jean Gebser oder Ken Wilber vorwegnehmend – als eine Bewegung, in der die ehemalige spirituelle Substanz des kollektiv-magischen und des mythischen Bewusstseins zunehmend einem individualistischen und zugleich isolierten Verstandesbewusstsein Platz macht. Es ist, wie wir heute in Anknüpfung an Wilber sagen könnten, der lange Weg vom Prä-Personalen über das Personale zum Trans-Personalen, den die Menschheitsgeschichte geht. In der Gegenwart steht die Menschheit vor der Herausforderung, die Sackgasse des einseitigen Individualismus mit seiner Isolation zu durchbrechen und zu einer neuen Kultur der Verbundenheit durchzudringen. Der Mensch selbst kann sich nun zum bewussten Träger und Motor der Evolution machen: „Was gegenwärtig sich schon in den Anfängen entwickeln kann", so Steiner 1909 in *Die Geheimwissenschaft*, „ist das Auffinden des Fadens, welcher die zwei Seiten in der Menschenbrust verbindet, die materielle Kultur und das Leben in der geistigen Welt." Auch über die Zukunft der Evolution hat Steiner teilweise frappierend konkrete Hinweise gegeben: eine noch ferne Zukunft, für die die heutige Menschheit mitverantwortlich sein wird, in der einst nach langen Wirrnissen ein Kosmos der Liebe entstehen soll, der aus der umgewandelten Weisheit des Menschen entsteht.

Der Keim dazu liegt in jedem von uns. Als Menschen sind wir keine im Prinzip abgeschlossenen und fertigen Gattungsangehörigen wie die bloß natürlichen Wesen. Wir sind zwar auch Teil der Natur, aber wir ragen durch ein spezifisches Merkmal doch aus dieser Natur heraus und trennen uns von ihr ab: Dieses Merkmal ist unser Selbst-Bewusstsein (nicht Bewusstsein allein, das ist auch Tieren eigen). Selbstbewusstsein ist aber nicht einfach naturgegeben, sondern selbst Ergebnis einer Evolution, und zwar einer kulturellen und geschichtlichen.

Am Anfang unserer Entwicklung als Menschheit standen gattungshafte Zustände, in denen wir uns noch eher wie die Fische im Schwarm oder wie Tiere einer Herde verhalten haben. Abweichungen vom Kollektiv waren nicht in diesem System vorgesehen. Auch in der geschichtlichen Frühzeit trat das Individuum noch gegenüber der Gattung zurück. Gesetze und Riten des Stammes hatten eindeutig Vorrang vor der Bedeutung des Individuums, das nichts an den vorgegebenen Gesetzen und der Lebensweise ändern durfte. Auch in den Frühen Hochkulturen dominierte noch das Ethnische bzw. Kulturell-Gruppenhafte gegenüber dem Individuellen, und ebenso gab es in der Antike und im Mittelalter noch stark dominierende Kollektivgrößen, die den einzelnen Menschen bestimmt haben – Stände, Großfamilien, berufliche Zugehörigkeiten. Als eine der letzten und vielleicht massivsten Gattungsgrößen steht aktuell die Definition durch das Geschlecht zur Disposition.

Die Entwicklung des westlichen Zivilisation in den letzten etwa vierhundert Jahren hat nämlich zunächst in Europa und dann zunehmend weltweit einem anderen Muster zum Durchbruch verholfen: dem Vorrang des Individuums vor der Gruppe. Die Schaffung der Allgemeinen Menschenrechte mit ihren individuellen Freiheitsrechten bereitete den Rahmen für einen geschichtlich so noch nie dagewesenen Siegeszug des Individualismus. Wir beginnen allerdings heute, auch die Grenzen und die zerstörerischen Schattenseiten eines ungehemmten, einseitigen Individualismus zu verstehen. Zu den vorgeschlagenen Antworten darauf gehört der Ruf nach moralischer Eindämmung ungehemmter Freizügigkeit, wie ihn etwa das Papsttum immer wieder erhebt. Noch rückwärtsgewandter bekämpfen der radikalisierte Islam und andere, z.B. kulturnationalistisch oder ethnisch begründete Ansätze den Individualismus. Aber auch der oft aus dem Kontext östlicher Spiritualität genährte Drang zur kompletten Negierung des Individuellen und der Ruf nach seiner (Wieder-)Auflösung im Einen hat einen leicht reaktionären, rückwärtsgerichteten Beiklang. Können wir aber fünftausend Jahre der Individuation so einfach hinter uns lassen? Würde das nicht ein fatales Ignorieren bedeuten – nicht nur der kulturellen Evolution, sondern vielleicht auch der Evolution als solcher, die nach Ansicht vieler Forscher und Philosophen geradezu von einem Drang nach Autonomie und Freiheit durchzogen ist?

Ein anderer Weg wird nur selten gesehen: Worum es heute gehen muss, ist eine spirituelle Rehabilitierung und Fortentwicklung der Individualität, ohne in den Schattenseiten des egozentrischen und postmodernen Individualismus steckenzubleiben.

Worin aber könnte denn die evolutionäre Würde des Individuums bestehen? Was wäre das evolutionär Neue, dass nicht schon durch die „Gattung Mensch" zum Vorschein kommt, sondern erst durch einzelne, individuelle Menschen?

Der individuelle Mensch ist mehr als ein Exemplar der Menschheit, er ist auch nicht nur die einzigartige Form, in der sich „das Eine" manifestiert – denn dann wäre in diesem „Einen" schon alles enthalten, eine Evolution wäre sinnlos und es wäre nichts wirklich Neues mehr möglich. Menschheit als ein vorgegebenes Ganzes existiert nicht. Das ist das Besondere an uns Menschen, dass wir uns, anders als die mit uns verwandten Tiere, nicht mit einer fertigen Wesensdefinition von der Evolution ausgestattet vorfinden. Kein Pferd, kein Löwe, kein Adler muss sich darum kümmern, Inhalt und Ziel seiner Existenz zu bestimmen. Seine genetische Ausstattung, sein Körperbau, sein instinktives Verhalten und die dazugehörige Umwelt sind ausreichend, um sein Wesen auszuleben. Demgegenüber sind wir Menschen grundsätzlich unfertig und unbestimmt. Beim „Phänomen des Menschen" (so ein Buchtitel des evolutionären Denkers Teilhard de Chardin) existiert, anders als bei den reinen Naturwesen, kein Allgemeines, aus dem heraus sich unser Wesen bestimmen würde: Die Definition des Menschen als Vernunftwesen oder intelligentes Tier ist so abstrakt, dass mit ihr noch nichts wirklich Menschliches beschrieben ist. Was ich an einem Tier beschreiben kann an Verhalten, an äußerer Gestalt, ist im Wesentlichen für alle Exemplare einer Gattung gleich. Bei uns Menschen dagegen bildet das allgemein Beschreibbare – biologische Besonderheiten, instinktive Verhaltensmuster und auch typologische

Gemeinsamkeiten – noch nicht das eigentlich Menschliche. Es ist eben genau umgekehrt: Was wirklich menschlich ist am Menschen, das lässt sich nur am Verhalten einzelner Menschen ablesen; der einzelne, individuelle Mensch steht zur Gattung nicht in einem Verhältnis des Exemplars, sondern umgekehrt, der Einzelne ist zum Repräsentanten dessen berufen, was Menschheit zu sein vermag. Steiner hat es einfach und radikal in seinem Buch *Theosophie* formuliert: „Jeder einzelne Mensch entspricht dem, was in der Natur eine Gattung ist."

Im Umfeld der evolutionären Spiritualität wird in den letzten Jahren interessanterweise ebenfalls die Rolle des Individuums neu überdacht. Das verwundert nicht, ist es doch dem evolutionären Denken eigen, das entwicklungsgeschichtlich Erreichte an keiner Stelle, auch wenn es sich als krisenhaft erweist, einfach rückgängig zu machen (oder zu überspringen), sondern es zu integrieren und zu transzendieren. Das gilt gerade für die Art, wie sich der einzelne Mensch in der Moderne als Folge der bewusstseinsgeschichtlichen Entwicklung als einer Geschichte der Individuation herausgebildet hat.

Evolutionäre Spiritualität sieht im Individuum etwas grundsätzlich Wertvolles. So wird in der Zusammenarbeit zwischen Ken Wilber, Marc Gaffni und Terry Patten seit einigen Jahren der Begriff des „unique self" bewegt (siehe auch Wilber, Patten u.a., *Integral Life Practice*). Hier muss das Subjekt nicht überwunden oder neutralisiert werden; vielmehr kann das Individuum in seiner unverwechselbaren Körper-Seele-Geist-Einheit zu einem perfekten Ausdruck des Einen Bewusstseins werden. Durch die Annahme und reife

Transformation des individuellen Selbstes kommen wir, wie Wilber und Patten sagen, „in den Besitz des einzigartigen Geschenks, das wir anderen machen können". Nicht nur anderen Menschen, sondern der Welt, dem Kosmos schlechthin ist die Individualität ein solches Geschenk – allerdings nur, wenn sie wirklich die Schranken des Ego transzendiert hat. Der amerikanische Autor Marc Gaffni prägte hier den Begriff der „Soulprints", eine aus Quellen der jüdischen Mystik entwickelte Idee, dass die Aufgabe eines jeden einzelnen Menschen darin besteht, Einzigartigkeit zu entwickeln und so zum Weltprozess beizutragen.

Wiederum etwas anders spricht Andrew Cohen von der Bestimmung des Individuums, zu einem „Vehicle", also einem Werkzeug des evolutionären Impulses zu werden, was an das Paulinische Wort „nicht Ich, sondern Christus in mir" erinnert. Dieses „Werkzeug" bildet aber evolutionär gesehen auch einen Zweck in sich und findet dadurch zu echter Würde. Denn die evolutionäre Würde des Individuums kann darin gesehen werden, das Eine auf eine so noch gar nicht existente Weise neu zu realisieren und dadurch der Evolution etwas wirklich Neues hinzuzufügen: nämlich die Fähigkeit, aus dem Vereinzelten heraus das Universelle neu entstehen zu lassen. Das Entstehen wahrer Individualität wäre demnach in evolutionärer Perspektive der Schritt, dass das Eine in den Individuen vervielfältigt wird.

Bei all dem sollten wir immer mit berücksichtigen, das dieses Eine, das höchste Denkbare, nichts außer uns Befindliches sein kann, sondern unsere eigene, tiefste und weiteste Dimension darstellt. Alles Höhere, auch alles Göttliche, von dem wir wissen, geht durch das Nadelöhr menschlichen

Bewusstseins, bevor wir von ihm wissen, das heißt immer auch: durch einen konkreten Menschen hindurch – wie auch sonst? Das Paradox liegt darin, dass wir uns nach etwas sehnen, dass größer ist als wir – aber alles, was wir davon ahnen und wissen, gehört eben, sofern wir es erfassen, doch in der Tiefe wieder zu uns, es ist derjenige Anteil unseres Wesens, den wir noch nicht vollumfänglich manifestiert und zu unserem eigenen Sein gemacht haben. Aber das, dem wir da nachstreben, sind zweifellos wir selbst in unserem besten, umfassendsten Wesen. Wir Menschen – oder eben doch die wahren Repräsentanten des Menschlichen – sind in der Lage, diese höchste Dimension zu erkennen. Das Wissen über alles Höhere und Umfassendere ist immer menschliches Wissen, und zwar das Wissen einzelner, konkreter Menschen. Oft genug steht das Erwachen zu diesem Wissen auch in einem Zusammenhang mit allen Verstrikkungen, die ein menschliches Leben eben aufzubieten hat – will heißen: Die Geschichten der Menschheitsrepräsentanten, der Erleuchteten, der echten Lehrerinnen und Lehrer sind zumeist keine Einbahnstraßen des Erfolgs, sondern Geschichten des Falls und Wiederaufstiegs, des Scheiterns und Durchtragens, der Umkehr oder des Wandels. Auch sind diese Menschen nicht nur nach Kulturkreisen und Zeitaltern individualisiert, sondern eben auch mit einer unverwechselbar eigenen Färbung versehen: Meister Eckhart erfasst und beschreibt und manifestiert den einen Urgrund anders als Hildegard von Bingen, Ken Wilber anders als Rudolf Steiner. Wir schätzen und lieben daran eben nicht nur das immer gleichbleibende Eine, sondern auch die charakteristische Art, wie es ein inspirierter Mensch neu in die Welt bringt.

Den einzelnen Menschen in den Mittelpunkt rücken – das bedeutet, Spiritualität nicht nur als Weisheit und Streben nach Erleuchtung und höherer Erkenntnis zu sehen, integral gesprochen: als Entfaltung von Eros, sondern auch als Agape, als Zuwendung zum anderen Menschen, weil es um diesen Menschen geht – mit seinen ganz konkreten Anlagen, Fähigkeiten, aber auch Problemen, Hemmnissen, Schmerzen und vielleicht auch dunklen Seiten. Steiner hat im Zusammenhang mit dem spirituellen Erwachen von einem ganz besonderen Geschehen gesprochen und ein geradezu heiliges Wort dafür geprägt. Er nannte diesen Vorgang „das Erwachen am anderen Menschen". Das bedeutet nicht „du bist okay, ich bin okay", es bedeutet durchaus den Anderen in seiner Entwicklungspotenzialität ernst zu nehmen – aber auch in seinem So-Sein, zu dem ja auch sein ganzes Schicksal gehört, das ihn oder sie so werden ließ wie er bzw. sie ist. Ein Credo der Anthroposophie, das die ganze lebenspraktische Seite prägt, angefangen von der Sorge um den Boden beim Landwirt über Kinder, die Begleitung von Menschen mit Behinderung oder Kranke – ist dieses Sich-Kümmern um den Menschen in einer evolutionären Perspektive das Versprechen, sich gegenseitig auf den Weg zu bringen. Dahinter steht aber immer dieses Interesse am Anderen als das Interesse daran, wie er oder sie seinen oder ihren Bezug zum All-Einen lebt und welche neue Form des Absoluten aus ihm hervorgehen wird – das Interesse an einer Zukunft dieses Menschen.

Wiederverkörperung in evolutionärer Perspektive

Wenn der Sinn von Individuation nicht nur Harmonie und Gleichgewicht ist, sondern auch Fortschreiten – und zwar nicht nur der Menschheit als Ganzer, sondern jedes einzelnen Individuums (denn die eigentliche Realität resultiert aus dem Fortschreiten der Individuen, nicht der abstrakten Größe „Menschheit") – wenn all das gilt, dann muss sich die Frage stellen, was es mit dem Subjekt der Individuation eigentlich auf sich hat und welches Gewicht ihm in evolutionärer Perspektive zukommt. Kann es beispielsweise sinnvoll sein, dass die werdende Individualität, das einzigartige, bewusste Ich, nur einmal auf der Welt ist, seinen Entwicklungsweg antritt und bis zu einem – stets vorläufigen – Grad vorantreibt, um dann wieder mit all dem Erlernten zu verschwinden? Natürlich kann man sagen: Als gereifte Individuen geben wir unsere Erfahrungen an unsere Mitwelt, die Gesellschaft, die Kultur weiter, insofern gehen sie nicht verloren. Und doch: Die eigentlichen Träger geistiger Entwicklung, der ganzen spirituellen Evolution, sind ja individuelle Menschen! Sie, das Reifen ihrer Fähigkeiten zu immer freieren Entscheidungen, sind die eigentliche Frucht aller kulturellen Evolution!

Es ist daher ein naheliegender Gedanke, ja geradezu eine logische Konsequenz zu sagen: Die Evolution arbeitet nicht so „un-ökonomisch", dass sie verschwenderisch mit den Individuen umginge und die am weitesten entwickelten Phänomene aller Entwicklung – die individuellen menschlichen Bewusstseine – sozusagen immer nur als „Einmal-Produkte" generierte. Im Sinne der evolutiven Weiterentwicklung von Gestalt und Fülle wäre es geradezu widersinnig, wenn schon entstandene Reife an Individuation wieder vollständig verfallen würde. Und genau so hat es ein großer Geist vor etwa 200 Jahren auch gesehen und eine andere Konsequenz daraus gezogen: Es war Goethe, der durch solche Überlegungen auf den Gedanken der Wiedergeburt (Reinkarnation) kam. Dieser universale Denker hat sich, obwohl skeptisch gegenüber allem Theologischen und Metaphysischen, doch verschiedentlich an die Idee der Reinkarnation herangetastet. Es gibt insbesondere eine Äußerung gegenüber Eckermann, wo Goethe sinngemäß sagt: Gott kann mich eigentlich, wenn er vernünftig ist, nicht schlechthin sterben lassen, sondern er wird meinem Geist, der so viel an Tätigsein gelernt hat und so viel weiteres Entwicklungspotenzial in sich trägt, wieder einen Ort zuweisen, wo er seine Tätigkeit aufs Neue aufnehmen kann. Wörtlich heißt es bei Goethe: „Die Überzeugung unserer Fortdauer entspringt mir aus dem Begriff der Tätigkeit – denn wenn ich bis an mein Ende rastlos wirke, so ist die Natur verpflichtet, mir eine andere Form des Daseins anzuweisen, wenn die jetzige meinen Geist nicht ferner zu halten vermag.“ (*Eckermann, Gespräche mit Goethe,* 1. Band, S. 261) Die Art, wie sich Goethe hier diesem Gedanken nähert, entgeht auch der Gefahr, dieses Themenfeld mit spekulativer und persönlicher Neugier (für frühere Verkörperungen usw.) zu überfrachten. Die Neigung zu esoterischen Spekulationen, leider verbreitete Erklärungsmuster, die „Karma“ als Relativierung von Unrecht missbrauchen und andere Trivialisierungen dieses komplexen Feldes haben dazu geführt, dass ernsthaft Suchende einen Bogen um das Thema „Wiederverkörperung“ machen. Um Dinge, die dem Ego schmeicheln geht es hier aber nicht, sondern um das Grundsätzliche und sozusagen systematisch Bedeutsame dieses Motivs im Weltganzen. Sicher: Über das genaue „Wie" dieser Idee, insbesondere über die Frage, ob es einen vom Körper unabhängigen individuellen Geist geben kann, der in zeitlicher Folge unterschiedliche Körper „bewohnt", ist damit noch nichts gesagt. Hier sollte zunächst nur die innere Schlüssigkeit dieses Gedankens dargestellt werden, die sich aus der Dynamik eines evolutionär-spirituellen Denkens fast zwangsläufig ergibt.

Und eine weitere Frage schließt sich an: Wenn also die Zukunft tatsächlich aus dem Werden der Vielen bestünde, der Sinn von Entwicklung also darin läge, dass jede Individualität auf einzigartige Weise ihre Universalität schrittweise verwirklicht – wo bleibt dann das Eine? Und in welchem Verhältnis würden die universell werdenden Individuen zueinander stehen?

Hier kommt der Gedanke eines „neuen Wir" ins Spiel: die Vision, dass wir als Menschheit die – sicher noch weit in der Zukunft liegende – Aufgabe übernehmen können, aus der Vielheit eine neue Einheit hervorgehen zu lassen. Das geht nur in schöpferischem Austausch. Niemand kann diese Aufgabe isoliert für sich erfüllen, das ist eine Frage der Gemeinschaftsbildung. Die Vision wäre also: Spirituelle Einheit nicht als etwas zu begreifen, was durch Zurücknahme von Individualität entsteht, sondern durch das schöpferische Spiel entwickelter, reifer und immer umfassender werdender Individuen – ein noch fernes Bild, das aber heute schon in einer neuen Achtsamkeit für Gemeinschaftsbildungen erste Konturen gewinnt.

Immer mehr würde dann so etwas wie ein „menschlicher Schwarm" möglich werden: Was die Fische und andere Tiere auf einer instinktiven, gattungshaften Ebene als gemeinschaftliche Harmonie ausleben, das könnte bewusst gestaltet werden, aber nicht als instinktive Gleichförmigkeit, sondern als Einheit in vielfältig-dynamischer Vielfalt.

Es gibt ein berühmtes Bild, in dem so ein „menschlicher Schwarm" idealisiert dargestellt ist – die „Schule von Athen" des Renaissance-Malers Raffael. Auf seinem Fresko zeigt er ein konstruiertes Symposion der wichtigsten klassischen Philosophen, jeder für sich in einer spezifischen Geste festgehalten, und doch von einer übergreifenden, geheimnisvollen Bewegung durchzogen: keine bloße Ansammlung von Individuen also, wie auch der Schwarm mehr ist als eine Summe von Individuen, aber auch kein choreographierter äußerer Gleichklang, sondern gerade die Verkörperung von Unterschiedlichkeit, ja von Gegensätzen, z.B. in den Hauptfiguren Plato und Aristoteles, die jeweils ganz eigene spirituelle Haltungen verkörpern. Und doch ist die ganze Gruppe wie ein Schwarm von einer höheren, selbst unsichtbar bleibenden Bewegung durchzogen.

III. Stufen der Entwicklung

Dieses Kapitel zeigt eine Skizze der anthroposophischen Sicht von Entwicklungsstufen des Bewusstseins und vergleicht sie mit verwandten Sichtweisen.

Keime evolutionären Denkens in den mystischen Traditionen

Die Idee des Menschen als individueller Repräsentant des All-Einen ist zwar erst in jüngerer Zeit zu weiterem Bewusstsein gekommen. Wichtige Keime dazu liegen aber bereits in der jüdisch-christlich-westlichen Kultur.

Die Vorstellung vom göttlichen Schöpferwort, das in der Welt Form angenommen hat, prägt die jüdische Tora-Auslegung ebenso wie das später darauf aufbauende Christentum. In der jüdischen Esoterik erzählt die Lehre von den zehn Sefirot davon, wie sich das Unendlich-Eine in die unterschiedlichen Dimensionen des Relativen ausdifferenziert, ohne dabei den Bezug zum All-Einen zu verlieren. Das „Ich Gottes" ist, wie es der bedeutende Kabbala-Gelehrte Gershom Scholem ausgedrückt hat, „die Gegenwart und Immanenz Gottes in aller Schöpfung."

Mit Jesus Christus ist das Göttliche nach christlicher Überzeugung ganz in den Bereich des Menschlichen, also auch in das raum-zeitliche Hier und Jetzt, getreten. Hegel spricht in seinen Vorlesungen zur Weltgeschichte geradezu von der „Versöhnung" des Universellen und Individuellen, die bildhaft-real in der Stifterfigur des Christentums geschehen sei. Sie bedeutet die Aufhebung der grundsätzlichen Trennung zwischen dem Einen und Universellen einerseits und dem Besonderen und Individuellen andererseits. Mehr noch: Ähnlich wie in der jüdischen Eschatologie werden Zeit und Geschichte im Christentum nun mit einer klaren Entwicklungsperspektive verbunden. Am Ende der Zeiten, so die christliche Botschaft, wird ein grundsätzlich anderer Zustand der Welt erreicht sein. Menschliche Geschichte und damit Entwicklung in der Zeit wird so zum Heilsgeschehen.

Einige kabbalistische Richtungen formulierten wichtige Unterschiede zwischen dem Ursprungs- und dem Endzustand der Welt. Das im 13. Jahrhundert erschienene *Buch Temuna* spricht etwa davon, dass in der kommenden Weltepoche die Tora keine Verbote mehr kennen wird. Zeitgleich in der Epoche Franz von Assisis und anderer großer christlicher Lehrer entstand so eine ganz eigenständige jüdische Parallele zu der Lehre Joachim von Fiores von den „drei Zeitaltern", wo ebenfalls ein erstes Zeitalter der Gesetze immer mehr durch Freiheit aufgehoben werden soll.

Dabei ist man immer auch dem Geheimnis auf der Spur, dass der Mensch die entscheidende Schnittstelle des Weltgeschehens darstellt, ihre „Achse", wie es Teilhard de Chardin im 20. Jahrhundert formulieren wird. Nach Einschätzung des Sohar-Forschers Ernst Müller steht in der Kabbala der Mensch „im Zentrum der Weltenwirkungen" als ein Wesen, das „mit seinem eigenen Erlösungsweg auch eine erlösende

Weltmission zu erfüllen hat". Jüdischer Mystik zufolge ist uns Menschen die zentrale Aufgabe der Wiederherstellung der Einheit (Tikkun) zugeteilt, die am Ende der Zeit wieder erreicht sein soll. Alles, was wir hier auf der Erde an spiritueller Aktivität entfalten, ist ein Baustein dieser Wiederherstellung. Alle Dinge entwickeln sich aus Gott und kehren dank der „Wiederherstellung" durch den Menschen wieder zu ihm zurück.

Isaak Luria, einer der bedeutendsten jüdischen Mystiker, lehrte im 16. Jahrhundert, dass diese Wiederherstellung nicht einfach die Rückkehr zum Urzustand sei. Vielmehr vollendet sich Gott selbst erst im Prozess der Wiederherstellung. In gewisser Weise zeigt sich das Wirklich-Werden Gottes deshalb vom Menschen abhängig. Gershom Scholem stellt fest: „Es ist also mit anderen Worten der Mensch, der dem Antlitz Gottes die letzte Vollendung gibt". „Wenn du mich bezeugst, so bin ich Gott, sonst nicht", zitiert einmal Franz Rosenzweig einen „Meister der Kabbala", bei dem es sich offensichtlich um Rabbi Schimon bar Jochai handelt, in dem die Tradition den Verfasser des Sohar sieht.

In der christlichen Mystik eines Meister Eckhart gibt es verwandte Ansätze, nach denen Gott auf den Menschen angewiesen ist, um sich zu erkennen und zu begreifen: „Wäre aber ich nicht, so wäre auch ‚Gott' nicht: dass Gott ‚Gott' ist, dafür bin ich die Ursache", heißt es in einer der *Deutschen Predigten*. Insgesamt findet sich im Sohar, bei Luria und Meister Eckhart ein Gottesverständnis, das meilenweit von einem naiv „mythischen" Denken entfernt ist. Hier wird jede gestalthafte, ja jede wesenhafte Vorstellung Gottes, die ihn in die Dimension des Vorstellbar-Seienden zu ziehen droht, abgelehnt und die schöpferische Rolle des Menschen betont, hier werden kühne Zusammenhänge zwischen der unendlichen Fülle einerseits und der Vielfalt einzelner Welterscheinungen andererseits geknüpft. Gerade angesichts eines modernen spirituellen Denkens, das Wert legt auf die Ausgestaltung einer „post-metaphysischen" Spiritualität (Wilber) und die Distanz zu nur geglaubten Werten sucht, haben diese Traditionen ein Niveau vorgegeben, das es heute wieder zu schätzen gilt.

In den Kirchen und religiösen Institutionen findet sich heute freilich kaum mehr etwas von dieser radikalen Immanenz Gottes in Welt und Geschichte, und noch weniger von der Angewiesenheit Gottes auf den Menschen. Im Judentum wie auch im konfessionellen Christentum verlor sich jener mystische Tiefenstrom zugunsten einer Fixierung der Heilsvorstellung auf ein grundsätzlich transzendentes Jenseits. Im Kirchenchristentum überwiegt heute ein Dualismus, in dem der Glaube eine rein persönliche Angelegenheit ist.

Die Idee der Angewiesenheit Gottes auf den Menschen, die Sichtweise, wonach unsere Mitwirkung gegenüber dem göttlichen Sein, in dem bereits alles enthalten ist, zur Entwicklung der Welt etwas Wesentliches beiträgt, hat dann im Zuge der idealistischen Philosophie weiter Gestalt angenommen. Einer der wohl elementarsten Entwürfe, über die Stufe des Seins hinauszugehen, stammt von Hegel. Er prägte die fundamentale Erkenntnis: Die Wahrheit ist das Ganze, Sein und Werden. Denn im Werden kommt das Sein erst zu sich selbst, es wird sich seiner selbst bewusst. Und dieses Sich-Selbst-Bewusstwerden ist nicht etwa nur eine „Zugabe" zur Schöpfung, sondern der eigentliche Sinn des Ganzen. Deshalb braucht es uns Menschen.

Durch das Auftreten des Evolutionsgedanken in der zweiten Hälfte des 19. Jahrhunderts wurden spirituelle Denker dazu inspiriert, auch die historisch charakterisierbaren, sehr unterschiedlichen Bewusstseinsformen der Menschheit unter dem Gesichtspunkt der Entwicklung zu betrachten – die Idee einer Evolution des Bewusstseins kam auf. Im 20. Jahrhundert sind dazu unterschiedliche Ansätze vorgebracht worden, wobei neben Rudolf Steiner vor allem Namen wie Sri Aurobindo, Jean Gebser und Ken Wilber zu nennen sind.

Wie unterschiedlich im Detail ihre spirituellen Evolutionstheorien und Stufenmodelle auch aussehen mögen, in einem scheinen sie sich einig: Die Evolution ist auf ihre Selbstbewusst-Werdung angelegt, in ihr ist das Umschwenken von der Geschöpflichkeit zur Neu-Schöpfung angelegt, und die Achse dieses Umschlagens ist das Bewusstsein des Menschen – aber jetzt nicht zu verstehen als menschliche Innenwelt und Privatraum der Subjektivität, sondern als Schauplatz, wo die bisher letzte und höchste Emergenzstufe im Rahmen der Evolution „top down" erscheint und sich dann im Zuge der immer individueller werdenden kulturellen Bewusstseins-Evolution „bottom up" zur Form des heutigen, reflektierenden Selbst-Bewusstseins entwickelt. Und als solches kann es sich in der meditativen Selbstbesinnung wieder seines universellen, kosmischen Ursprungs bewusst werden. Der Philosoph Richard Tarnas meint, „der lange Entwicklungsgang des menschlichen Bewusstseins hat es darauf vorbereitet, sich nun frei und bewusst seiner Herkunft und seinem Urgrund zuzuwenden. Das Telos, die innere Richtung und das Ziel des westlichen Geistes, war es, sich mit dem Kosmos in einer reifen Participation mystique wieder zu verbinden, freiwillig und bewusst zu einer umfassenden Einheit überzugehen, die die menschliche Autonomie bewahrt und gleichzeitig die menschliche Entfremdung überwindet" (*The Passion of the Western Mind*).

Nicht nur der Mensch als Individuum, auch die Menschheit als Ganze und das von ihr geschichtlich realisierte Bewusstsein durchlaufen eine Entwicklung zu mehr Komplexität und umfassenderem Bewusstsein von Einheit – das zumindest war die Auffassung Rudolf Steiners. Die Evolution des Bewusstseins ist dabei allerdings kein linearer Prozess, sondern sie ist auch durch Brüche und Abstürze gekennzeichnet – und diese lassen sich auch keineswegs im Nachhinein als „notwendig" rechtfertigen. Die Bewusstseinsevolution enthält, wer wollte es leugnen, selbstverständlich auch Unvorhergesehenes, Unerklärliches und grundlegend Destruktives. Insbesondere die katastrophalen Abstürze des Menschen in der Mitte des 20. Jahrhunderts, vor allem das Aufbrechen der größten Unmenschlichkeiten im kulturell hoch gebildeten Deutschland während der NS-Zeit zeigen, dass Bewusstseinsevolution kein einfacher Weg „nach oben" ist. Die vielen Gesichter des Totalitarismus und Terrors in dieser und auch in unserer heutigen Zeit machen es jedenfalls unmöglich, in naivem Idealismus Entwicklung nur in einer Richtung zu sehen. Vielmehr scheint es, dass mit der Möglichkeit zu immer umfassenderer, bewussterer und freierer Menschlichkeit auch die Verirrungen der Unfreiheit und Unmenschlichkeit zunehmen. Und manchmal kann man den Eindruck haben, dass dem Anwachsen von mehr Bewusstheit und mehr Freiheit auf der einen Seite ein Äquivalent an mehr Rückschrittlichkeit und Fanatismus auf der anderen gegenübersteht.

Unter dem Gesichtspunkt der Freiheit kann allerdings Bewusstseinsentwicklung auch gar kein gerade Weg „nach oben" sein: Denn wenn die Realisierung von wahrem Menschentum und Höherem Selbst als wachsende Freiheit die aktive Fortsetzung der Evolution durch den Menschen ist, dann kann der Gang dieser Evolution keinem im Vorhinein ausgemachten Ziel folgen – das wäre mechanisch. Keine Idee, kein Urprinzip und kein Gott können für einen „guten Ausgang" einstehen, sondern alles muss in die Verantwortlichkeit des Menschen gelegt sein: „Der Weltengrund hat sich in die Welt vollständig ausgegossen; er hat sich nicht von der Welt zurückgezogen, um sie von außen zu lenken, er treibt sie von innen; er hat sich ihr nicht vorenthalten", schrieb der junge Rudolf Steiner in seinem Buch *Grundlinien einer Erkenntnistheorie der Goetheschen Weltaunschauung*. „Hat somit der Weltengrund Ziele, so sind sie identisch mit den Zielen, die sich der Mensch setzt, indem er sich darlebt" – indem er also sein wahres Wesen lebt, ließe sich ergänzen. „Jener ‚Weltenlenker'", so Rudolf Steiner weiter, „lebt nicht als Wille irgendwo außerhalb des Menschen; er hat sich jedes Eigenwillens begeben, um alles von des Menschen Wille abhängig zu machen."

Stufen der Bewusstseinsevolution

Obwohl es also keinen festgelegten Ausgang der menschlich-kulturellen Evolution gibt, will Steiner doch im Rückblick auf den bereits hinter uns liegenden Weg – ähnlich wie Hegel im Blick auf die Entfaltungsstufen des Weltgeistes – bestimmte Stufen in Form kultureller Groß-Epochen festhalten, in denen das menschliche Bewusstsein charakteristische Qualitäten der Selbsterschließung angenommen hat. Wesentlich bei Steiners Ansatz ist dabei, dass es sich bei den Bewusstseinsstufen, welche die Menschheit durchläuft, um Entfaltungsstufen des Mensch-Seins handelt; die entsprechenden Schichten oder Dimensionen des Bewusstseins sind anthropologische Qualitäten, deren Eigenart und Richtung sich aus seiner Anschauung des Menschen ergeben. Sinn und Ziel dieser Evolution ist die vollständige Entfaltung des Mensch-Seins. Die Stufenfolge der Mensch-Werdung in der Bewusstseinsentwicklung besteht dabei in der immer bewusster werdenden Realisierung des Geistes im Menschen und dessen Umwandlung zu einer höheren körperlich-seelisch-geistigen Einheit.

Ausgangspunkt dafür ist die „natürliche" Verfasstheit des Menschen in einem physischen Leib (dem mineralisch-stofflichen Körper), der während des Lebens allerdings immer auch belebt, beseelt und auch geist-orientiert ist. Der subtile Lebenskörper („Ätherleib") wird dabei in der Anthroposophie als ein eigenständiges „Wesensglied" vorgestellt, vergleichbar dem Konzept der „morphischen Felder" Sheldrakes. Ähnliches gilt für den angenommenen Seelenkörper („Astralleib") als Organisationsform der psychischen Dimension des Menschen.

Die leibliche Grundlage menschlicher Entwicklung, also die belebt-beseelte Physis und die geist-orientierte Gestalt mit ihrem aufrechtem Gang, den unspezialisierten Händen und einem denkfähigen Gehirn, ist das Produkt einer auf den Menschen hin orientierten Evolution: Sie bringt nach und nach die Stufen von Stofflichkeit, von immer höher organisiertem Leben und von beseelten und bewussten Lebewesen in immer höherer Komplexität hervor, bis im Menschen ein Lebewesen erscheint, in dem der Geist als Fähigkeit zum Selbstbewusstsein und als Potenzial sinnstiftender Zusammenhangbildung aufscheint.

Diese spirituelle Sicht von Evolution teilt mit der naturwissenschaftlichen Evolutionsidee das Prinzip der Entwicklung der komplexeren aus vorangehenden einfacheren Formen (Steiner folgt darin Darwin und Haeckel) und ist daher grundsätzlich anti-kreationistisch. Sie steht aber auch in Gegensatz zum naturwissenschaftlich-neo-darwinistischen Ansatz, der als alleinige Ursachen von Evolution zufällige Mutationen und Selektionen durch den Überlebenskampf annimmt. Wenn die Evolution, wie sich im Rückblick zeigt, sinnvoll auf den Menschen hin orientiert ist, spricht das also für Evolution, aber gegen die vom Darwinismus angenommene starre Mechanik von Entwicklung durch zufällige Mutation und Selektion. Wie allerdings konkret das Hervorgehen komplexerer Formen gedacht werden kann, wenn der Zufall als alleinige Kategorie ausscheidet, wie man also das Eingreifen des Geistes in den Evolutionsstrom in Richtung seiner Selbstbewusstwerdung im Menschen denken soll, scheint bisher nicht ohne Rückgriff auf mythologische Elemente darstellbar zu sein. Denn wie soll man sich überhaupt das Wirksamwerden von Geist im Stoff vorstellen, wenn man das unzulässige Bild eines allmächtigen Schöpfergottes vermeiden will?

Steiner hat hier offenbar keinen anderen Weg der Darstellung gesehen, als die Wirkmächtigkeit von Bewusstsein als evolutiver Kraft unter Rückgriff auf die Bildlichkeit

„höherer Wesen" zu schildern. Entstanden sind dabei äußerst bildreiche Erzählungen speziell in seinem Buch Geheimwissenschaft im Umriss, die seiner als Philosoph aufgestellten Maxime eines Verzichts auf „außermenschliche" und „außerweltliche" geistige Kräfte zu widersprechen scheinen.

Steiner vertritt in seinen Schilderungen der Evolution, dass die kausale Erklärung des höher Entwickelten bzw. höherer Emergenz-Stufen aus dem Niederen nicht einsichtig ist – das Lebendige kann nicht aus dem Toten, das Beseelte nicht aus dem Seelenlosen erklärt werden. Die jeweils folgende Entwicklungsstufe muss demnach als Potenzial bereits existent sein und das Bestehen der jeweils vorangehenden ist somit Bedingung, aber nicht Ursache des Folgenden und Komplexeren.

Aus einer anfänglichen zeit- und raumlosen Ur-Einheit entstehen in der Darstellung Steiners als kosmische Stufen zunächst ein Weltzustand aus reiner Wärme mit der ersten Anlage zur Stofflichkeit eines menschlichen Leibes („Saturnzustand"); er verdichtete sich zu einer aus Gas und Luft bestehende Phase mit der Anlage des Lebendigen („Sonne"), worauf als nächste Verdichtung ein wässriger Zustand mit der Anlage wechselnder elementarer Bewusstseinszustände wie Schlafen und Wachen folgt („Mond"). Erst dann bildet sich die feste, materielle Erde.

Bewusstseinsstufen des Menschen und der Menschheit

Die natürliche Evolution setzt sich auf der Erde im „Reich des Menschen" (Teilhard de Chardin sprach auch von der „Noos-Sphäre") als Bewusstseinsevolution fort. Ken Wilber hat in seinem Buch *Integrale Psychologie* (2001) in einem der Anhänge zahlreiche Stufenmodelle unter unterschiedlichen Aspekten miteinander verglichen, u.a. von Don Beck (*Spiral Dynamics*), Sri Aurobindo oder Piaget und dabei auch Rudolf Steiner berücksichtigt. Die Stufen der Bewusstseinsevolution charakterisiert Wilber dabei analog zu Steiners Gliederung des Menschen insbesondere durch eine Zuordnung zu den entsprechenden Stufen des Spiral Dynamics-Modells von Don Beck, das bestimmten Bewusstseinsqualitäten wertneutral einzelne Farben zuordnet. Steiners Entwicklungsidee tritt dabei deutlich hervor: nämlich die Entwicklung von mehr leiblich bedingten (gestützten) Bewusstseinsformen zu transformativen (freien) Möglichkeiten, Bewusstheit zu entwickeln.

Dem physischen Leib entspricht zunächst eine instinktive Stufe von Bewusstheit (Spiral Dynamics: „Beige") Dem, was Steiner in Anknüpfung an theosophische Traditionen Ätherleib nennt und womit er die Sphäre des Lebendigen bezeichnet, entspricht eine magisch-animistische Bewusstheit – Geist wird auf dieser Stufe bildhaft, im Kollektiv erlebt und durch Rituale heraufbeschworen („Rot").

Die Empfindungsseele als menschliche Wesensschicht meint, wie der Name andeutet, eine elementare Form von Bewusstsein, die als Reaktion auf äußere Reize entsteht. In der Geschichte des Bewusstseins entspricht dem ein Bewusstseinszustand, in dem eine göttliche Ordnung in Natur und Gesellschaft unmittelbar erlebt wird – etwa im pharaonischen Ägypten. Es ist eine Form von Bewusstsein, das präpersonal und vom Ego fast noch ungetrübt quasi naturhaft ausgelöst wird („Blau").

Die Verstandesseele hat ihren Schwerpunkt, wie der Name sagt, in der Identifikation des Bewusstseins mit dem kombinierenden, schlussfolgernden, analytischen Denken („mind"). In kulturgeschichtlicher Dimension sind z.B. die aristotelische Philosophie oder die Theologie des Mittelalters Ausdruck dieser Verstandesseele, später auch weite Teile der kombinierenden Naturwissenschaft. In Bezug auf den Geist bedeutet Verstandesseele eine gewisse Unabhängigkeit von äußeren Auslösern des Bewusstseins. Es bedeutet aber auch, dass Bewusstsein oder Geist nur operational eingesetzt und verwendet, aber nicht als solches bewusst wird. Bewusstsein ist auf dieser Stufe ein Denken-über, ein Vorstellungen-Haben und Sich-damit-Identifizieren.

Die Verstandesseele hat freilich zunächst in sich selbst noch einmal eine gewisse Instinktivität, z.B. in der stringenten philosophischen Logik und Deduktion (und insofern in der Spiral Dynamics-Gliederung „Blau"). An ihrem anderen Ende, da wo sie am weitesten entwickelt ist, bildet sie aber auch die Grundlage für ein Phänomen wie die philosophische Aufklärung und damit die Grundlage für Individualismus und Emanzipation („Orange" in der Spiral Dynamics-Sprache).

Die Bewusstseins-Qualität des „Denken-über-etwas" ändert sich, indem auf der folgenden Stufe ein *Bewusstsein von Bewusstsein* entsteht, als Wesensstufe im Menschen von Steiner bezeichnet als Bewusstseinsseele, die wiederum zwei Seiten hat: auf der Inhaltsseitedas Berührt-Werden von einer nicht-relativistischen, über-personalen Sphäre des „Wahren, Schönen, Guten" (so Steiner sinngemäß in *Theosophie*). Auf der Aktivitätsseite bildet sich Bewusstsein nun nicht mehr allein an Inhalten, sondern am Geist selbst: es entsteht eine andere Qualität des „Wissens vom Selbst".

In den Kategorien von Spiral Dynamics bewegt sich „Grün" auf der Grenzscheide von Verstandes- und Bewusstseinsseele: Die für „Grün" wesentliche Qualität des Egalitären beispielsweise ist ein Verstandeselement, das sich darüber bewusst ist, dass ich meine eigenen Interessen nur durchsetzen kann, wenn ich gleichzeitig an die Interessen der anderen denke. Echter Altruismus oder ethisches Handeln aus Einsicht entstehen hingegen erst auf der Ebene der Bewusstseinsseele. Auch der „grüne" Relativismus ist ein Übergangsphänomen: Als beliebiges Gelten-Lassen jedweder Position, als Unwilligkeit und Unfähigkeit zur Beurteilung und Wertung ist er ein Produkt der aufgeklärten, säkularen Verstandesseele. Erst mit dem Berührtwerden vom Wahren, Schönen, Guten kommt (wieder) eine Entwicklungslinie in das Bewusstsein.

Bis zur Stufe der Bewusstseinsseele haben wir es mit Erfahrungen zu tun, die Angehörige der heutigen, westlich geprägten Gesellschaften sozusagen aus dem normalen Tagesbewusstsein heraus machen. Zusätzliche Stufen entstehen nun, wenn dieses Sich-selbst-Ergreifen der Bewusstseinsseele willentlich weiter geführt wird: Wenn aus dem Berührt-Werden vom Geist ein Leben im Geist und ein Einverleiben des Geistes im Menschen wird. Die Stufe der Bewusstseinsseele könnte man als eine erkannte Transzendenz bezeichnen; die folgende Stufe wäre dagegen der Beginn einer gelebten Transzendenz. Aus dem Verstandes-Selbst mit seinen (Schein-)Identifikationen wird dann mehr und mehr ein Geist-Selbst.

Geistselbst (als Wesensglied zusammengeschrieben) ist daher auch das, was als Ergebnis von Meditation und Selbstsschulung entsteht, durch sensiblen Umgang mit Mitmenschen, Bemühung um Unvoreingenommenheit etc. Insgesamt handelt es sich um eine Umwandlung des „Mind"-Bereichs von Verstand und quasi naturhafter Emotion in den Bereich des Bewussten. Je mehr dieser Bereich des Geistselbst kultiviert wird, wird das Leben, die ganze Existenz, zum Ausdruck des Wahren Ich (Andrew Cohen bezeichnet diese Stufe als Authentisches Selbst); als menschliches Wesensglied wird dieser Bereich als Lebensgeist bezeichnet. Das Wahre Selbst wird im täglichen Leben immer selbstverständlicher, wie ein Habitus. Mit derselben Regelmäßigkeit, mit der man bisher seinen natürlichen Neigungen gefolgt ist, wird jetzt das ganze Leben zunehmend Ausdruck des erkannten und bewusst gewählten Wahren Selbstes.

Auf einer noch höheren Stufe könnten dann nicht nur die Lebensprozesse und Gewohnheiten, sondern auch die physischen Kräfte und Vorgänge selbst immer mehr und immer vollkommener Ausdruck des Wahren Selbstes werden. Es ist sogar denkbar, dass wir Menschen auf künftigen Entwicklungsstufen auch eine Art Verantwortlichkeit für unsere eigenen biologischen Vorgänge übernehmen – nicht nur indirekt z.B. über Ernährung und körperliche Übungen, sondern unmittelbar durch bewusste Steuerung. Wenn der ganze Mensch bis in seine natürlich-physische Gestalt selbstbestimmter Ausdruck des Geistes wird, kann man vom Geistesmenschen sprechen, oder wie Steiner in Anlehnung an einen Ausdruck der Veden auch sagt: von Atman, womit auf die letzte Einheit von Wahrem Selbst und Wahrem Sein, von Mensch und Welt gedeutet ist. Bei Sri Aurobindo finden sich übrigens ähnliche Ausblicke einer umfassenden Um- und Ausgestaltung der menschlichen Gestalt.

Eine überwältigende, großartige, fast anmaßend wirkende Vision tiefsten Menschentums tut sich auf: Der Mensch, der sich als im Grund der Welt verankertes und von der Weltentwicklung zutiefst angesprochenes Wesen erkennt und sich zur Entfaltung seines – letzten Endes kosmischen, über-individuellen Wesens – aufruft. Alle Entwicklung ist Aufbruch in die wachsende Freiheit des Menschen, der sich von seinen Konditionierungen löst, mit seiner körperlich-psychischen Geschöpflichkeit souverän umgehen lernt und der alles Störende und Zerstörende seiner Eigenpersönlichkeit, seines egoistischen Willens und seines selbstbezogenen Fühlens neutralisieren kann, indem er sein Hervorgehen aus dem All-Einen erlebt und sich zunehmend dazu entscheidet, gemeinsam mit anderen in diesem Sinne freien Menschen ein Werdend-Höheres zu realisieren. So verstandene Freiheit in Gemeinschaft ist etwas, was es in der bisherigen Evolution nicht gab und was erst durch Menschen realisiert werden kann. In seinen *Anthroposophischen Leitsätzen* drückt es Rudolf Steiner so aus:

„Das Göttlich-Geistige, dem der Mensch entstammt, kann als kosmisch sich ausbreitende Menschenwesenheit durchleuchten den Kosmos, der nur noch in dem Abbild des Göttlich-Geistigen vorhanden ist. – Nicht mehr dieselbe Wesenheit, die einst als Kosmos war, wird da durch die Menschheit aufleuchten. Das Göttlich-Geistige wird im Durchgang durch das Menschentum ein Wesen erleben, das es vorher nicht offenbarte."

IV. „Schulungsweg": Spirituelle Transformation durch Weltbegegnung

Dieses Kapitel handelt von den Grundzügen des inneren Entwicklungsweges in der Anthroposophie. In der Werkentfaltung Steiners geht dies mit einem Zusammenkommen von westlicher Philosophie und östlicher Tradition einher.

Das „Lebensschiff" sicher führen lernen

Mit Beginn seines Wirkens im Rahmen der damaligen Theosophischen Gesellschaft verfasste Steiner in Berlin eine Reihe von einführenden Aufsätzen, die er später als sein Grundlagenwerk *Wie erlangt man Erkenntnisse der höheren Welten?* veröffentlichte. Wie der Titel andeutet, zielen die darin angegebenen Übungen auf das Erfahren einer geistigen Realität hinter oder auch inmitten der sinnlich erfahrenen Wirklichkeit. Was aber genauso wichtig ist: Nicht erst das Ziel, also das „Erlangen" von bestimmten Erkenntnissen, sondern bereits der Weg dahin enthält entscheidende innere Haltungen, die wir heute für eine Transformation des Bewusstseins und unserer Lebenswelt brauchen.

In den einleitenden Ausführungen seines Buches führt Steiner als die Grundlage spiritueller Entwicklung die Pflege von „innerer Ruhe" an. Bevor wir uns die beiden elementaren

Säulen ansehen, auf denen diese zentrale innere Qualität in uns aufgebaut werden kann, lohnt es, sich einmal das Besondere dieser Veröffentlichung zu Beginn des 20. Jahrhunderts zu vergegenwärtigen. Denn tatsächlich war das, was Steiner damals mit dem heute leicht irritierend wirkenden Stichwort einer „Geheimschülerschaft" skizzierte, etwas ganz Neues: Die Grundelemente einer spirituellen Entwicklung so in die Öffentlichkeit zu bringen, dass sie jeder zur Unterstützung seines Alltagslebens aufgreifen konnte. Was Steiner damals, noch ganz eingetaucht in den Duktus esoterischer Traditionen, als einer der ersten versuchte, hat seit den 70er und 80er Jahren des 20. Jahrhunderts einen weltweiten Durchbruch erfahren: Die vielfältig dargestellte Praxis stressreduzierender Meditation, Eckart Tolles Lehre vom allein entscheidenden „Jetzt", Neale Donald Walschs *Gespräche mit Gott* und viele andere Literatur zur Lebensorientierung ist hier zu nennen. Spirituell Suchende bilden heute ein zahlenmäßig kaum noch überschaubares Publikum, gebildet von Menschen, die an den Punkt gekommen sind, für das eigene Leben eine tiefere Verantwortung zu übernehmen und Perspektiven einzunehmen, die über den Überlebensmodus der subjektiven Persönlichkeit oder des Ego hinausgehen.

Zwei Säulen also tragen für Steiner die Fähigkeit zur „inneren Ruhe": Das ist zum einen die Entwicklung einer souveränen Entscheidungsfähigkeit allen äußeren Eindrücken gegenüber und zum anderen die Pflege eines meditativen Lebens. Die zweite Säule wird weiter unten ausführlich beschrieben. Hier soll uns zunächst die erste interessieren. Sie meint die elementare Fähigkeit, bei allem, was uns widerfährt, einen kurzen Moment der Besinnung zwischenzuschalten und nicht blind zu reagieren: Zwischen jedem äußeren Eindruck und meiner (inneren oder äußeren) Reaktion darauf liegt eine Chance zur Freiheit, eine Chance, selbst zu bestimmen, ob und wie ich reagieren will. Insbesondere der Umgang mit Emotionen wird dadurch heilsamer: Ein plötzlicher Anlass zum Ärger, ein Grund zur Furcht oder Sorge, eine mir widerfahrende Beleidigung – solchen Situationen, die vor-konditioniertes Verhalten in uns auslösen, können wir durch die Kultivierung dieser Millisekunden-Freiheit in uns begegnen. Irgendwann wird sie gleichsam instinktmäßig als Fähigkeit eines souveräneren Umgangs mit herausfordernden Situationen abrufbar. „So ziehen Gedanke nach Gedanke in die Lebensauffassung des Geheimschülers ein, die fruchtbar, förderlich sind für sein Leben. Sie treten an die Stelle von solchen, die ihm hinderlich, schwächend waren. Er fängt an, sein Lebensschiff einen sicheren, festen Gang zu führen innerhalb der Wogen des Lebens", schreibt Steiner in *Wie erlangt man Erkenntnisse der höheren Welten.*

Der wachsenden Souveränität im Verhalten nach außen (erste Säule) tritt als zweite Säule die Pflege des meditativen Lebens zur Seite. Meditation, zu Steiners Zeiten noch eine fast exotische Praxis in Europa, wird in unserer Gegenwart zunehmend als Methode der Besinnung in einer immer hektischer werdenden Zivilisation geschätzt. Meditation ist für Steiner – so wie für viele andere Traditionen auch – die einzigartige Möglichkeit, sich regelmäßig und für bestimmte Phasen mit dem größeren Ganzen, dem tieferen Grund der Welt und einem umfassenden Bewusstsein zu verbinden. Es ist die Praxis, sich mit einer Dimension des Über-Persönlichen, eben den „höheren Welten" in Beziehung zu bringen,

„sich zu erheben zu einem rein Menschlichen, das nichts mehr mit seiner besonderen Lage zu tun hat", so Steiner.

Erkennen durch Hingabe

Alle spirituellen Richtungen sprechen davon, dass das Wiederfinden des verlorenen Ganzen möglich ist, und sie sprechen auch von einer letzten Einheitserfahrung, in der es keine Abgetrenntheit des Menschen mehr gibt, von einem Zustand der Non-Dualität. Auch der Anthroposophie, die „das Geistige im Menschen zum Geistigen im Weltall" führen will (so hat es Steiner in seinen *Anthroposophischen Leitsätzen* ausgedrückt), steht diese non-duale als wahre Wirklichkeit vor Augen.

Dennoch gibt es einen wichtigen Unterschied – nicht des Ziels, aber des Weges: Spirituelle Praktiken, etwa im Zen-Buddhismus, streben einen unmittelbaren „Durchbruch" von der Ausgangsbasis der Vereinzelung zu der Erfahrung des Absoluten an; der amerikanische Bewusstseinsforscher Ken Wilber spricht von dem „Einen Geschmack", den er in tiefer Meditation erfährt, und betont damit die letztliche Verbundenheit aller Dinge und Wesen in einer totalen Wirklichkeit. Diese und andere Ansätze stehen nicht im Gegensatz zum Ziel der Anthroposophie – aber ihr Weg ist ein anderer: Denn Steiner versteht sich mehr noch denn als ein spiritueller Lehrer als ein Erkennender, ein Wissenschaftler des Spirituellen. Nicht in einer letzten Erfahrung des Einen, sondern im einzelnen, konkreten Verstehen des Geistigen will die Anthroposophie die Verbindung von Ich und Welt anschaulich machen. Bei den meisten spirituellen Strömungen steht die Erfahrung des Absoluten im Vordergrund, der die Rolle des Relativen (des einzelnen Menschen, der einzelnen Situation im Hier und Jetzt) nachgeordnet erscheint. In der Anthroposophie geht es gerade um die Erfahrung des Absoluten im Relativen, also im Erkennen von Erscheinung oder Schicksal, im Durchdringen der Natur oder in der Klärung sozialer Verhältnisse. Eine Art Prototyp für diese neue Sicht auf die Welt war für Steiner Goethe in seiner Naturanschauung. Denn Goethes Art, etwa in den Farbphänomenen Qualitäten zu erforschen, die dem menschlichen Innern verwandt sind, ist nicht etwa eine naive Anthropomorphosierung, sondern der Ansatz, ein Mensch und Welt umfassendes geistiges Ganzes zu erfassen. Und in seiner Pflanzenlehre hat er das Wirken ideeller Prinzipien bis in die konkreten Phänomene der Pflanzenbildung zu verfolgen versucht. Goethe war aber auch insofern ein Ausgangspunkt für Steiner, als dem Dichter und Naturforscher aus Weimar die Notwendigkeit einer Umwandlung des menschlichen Innern, die Anverwandlung der Seelenkräfte für ein Eintauchen in die Innenwelt der Dinge bewusst war.

Vor diesem Hintergrund gesehen ist spirituelle Praxis im Sinne Rudolf Steiners nicht eigentlich in Bezug auf ihre Techniken oder Methoden etwas Eigenes, wohl aber in Bezug auf den Kontext: in liebevoller Zuwendung zu den Dingen unsere zunächst abgetrennte Existenz je und je zu überwinden und uns aufnahmefähig zu machen für unsere Ur-Verwandtheit mit dem Ganzen, dem Kosmos, diese andere, normalerweise unbewusst bleibende Seite unseres eigenen Wesens. Von Meditation und Kontemplation als Erkenntnisweg spricht denn auch der Anthroposoph und Naturwissenschaftler Arthur Zajonc.

Wäre aber nicht das All immer schon in uns und würden wir nicht dem Kosmos immer schon zuinnerst angehören, keine Anstrengung der Welt würde eine Zusammenführung des streng Geteilten erreichen können. „Wir träumen von Reisen durch das Weltall – ist denn das Weltall nicht in uns?", fragte schon der Dichter und Philosoph Novalis. „Die Tiefen unsers Geistes kennen wir nicht. – Nach innen geht der geheimnisvolle Weg. In uns, oder nirgends ist die Ewigkeit mit ihren Welten, die Vergangenheit und Zukunft", heißt es weiter in den *Blüthenstaub*-Fragmenten. Wir müssen aber die Befangenheit, die uns dem Schein der Absonderung verhaftet sein lässt, immer wieder überwinden, umso mehr, wenn wir das Ganze nicht nur in herausgehobenen Augenblicken der Versenkung erleben, sondern unser wirkliches Leben unter dem Vorzeichen von teilhabender Einheit und nicht von abgeschiedener Trennung führen wollen.

Genau dazu dient ein beträchtlicher Teil der spirituellen Praxis der Anthroposophie. Viele einzelne Bausteine dafür hat Rudolf Steiner in verschiedenen Büchern veröffentlicht. In seiner (oft verkürzt als ausschließlich „philosophisch" missverstandenen) Schaffensphase bis zur Wende des 20. Jahrhunderts hatte Steiner bereits die Erfahrung der Ur-Einheit als Konsequenz einer erkenntniskritisch-philosophischen Meditation über die wahre Wirklichkeit begründet. Diesen Ansatz, der auch in der europäischen Philosophie z.B. in der Linie von Brentano über Husserl zu Heidegger immer wieder verfolgt (aber bis heute kaum aufgegriffen) wurde (vgl. Kapitel I), stellte Steiner nach der Jahrhundertwende zurück und begann, seinen Impuls in Anknüpfung an das theosophische Gedankengut komplett umzuschmelzen. Dabei stellte er nun nicht mehr die philosophisch-meditative Wirklichkeitserfahrung in den Mittelpunkt, sondern skizzierte den konkreten Weg einer Umwandlung dessen, was hier abkürzend als unser „intellektuell-emotionaler Apparat“ bezeichnet werden soll. Dieser Apparat setzt sich aus unserem gewohntermaßen Ego-bezogenen Fühlen, Vorstellen und Wollen zusammen und wirkt normalerweise so, dass er uns von der Welt, deren Teil wir sind, abkapselt (in der englischsprachigen Literatur wird dieser Bereich unseres Innern oft als „mind“ bezeichnet). Auf dem Weg zum Geistigen im Kosmos müssen wir diese verstandesmäßig-emotionale Ausstattung transformieren – eine Konsequenz, die die Anthroposophie mit vielen spirituellen Strömungen teilt.

Die gewöhnliche Verfassung unserer Psyche sorgt dafür, dass wir uns selbst ganz überwiegend als Mittelpunkt der Welt erleben: Vom Aufwachen bis zum Einschlafen beziehen wir die Ereignisse und Erfahrungen der Welt auf uns, spüren die Resonanz unserer persönlichen Empfindungen und Gefühle, machen uns unsere eigene Vorstellungen darüber und verfolgen unsere ganz persönlichen Intentionen. Das erscheint so normal, dass es uns zumeist gar nicht bewusst ist, aber mit etwas Distanz betrachtet kann es manchmal regelrecht komisch wirken, wie wenig wir dabei wirklich von der Welt, von den Dingen und von unseren Mitmenschen erfahren und wie sehr wir stattdessen in allem nur die Spiegelung unseres eigenen begrenzten Selbstes vor uns haben: Wir erleben an einem Gegenüber nicht so sehr dieses Gegenüber selbst, sondern vielmehr, wie es auf uns wirkt, ob sympathisch oder antipathisch, ob anregend oder gleichgültig, hilfreich oder nutzlos; wir lassen eine Erscheinung, eine neue Erfahrung, einen Menschen nicht einfach auf uns wirken, sondern wir ordnen etwas neu an uns Herantretendes in der Regel blitzschnell ein in das schon Gewusste. Wir ziehen zum Verständnis dessen, was uns begegnet, unsere eigenen, schon früher gebildeten Vor-Urteile heran (mit denen wir ja bisher immer gut zurecht gekommen sind), wir stützen uns auf unseren (scheinbar) verlässlichen Fundus an Meinungen, Erfahrungen, Stimmungen und manchmal auch Instinkten. Tragisch ist daran, dass wir derart die seelischen Kapazitäten des Empfindens und Fühlens, des Denkens und Vorstellens sowie des Planens und Wollens ganz überwiegend nicht als Verbindungsmittel zur Welt, sondern wie einen Panzer einsetzen, der uns von den Dingen abschließt.

Als zentralen Grundsatz auf dem Weg vom Geistigen in uns zum Geistigen im Weltall betont Rudolf Steiner deshalb die „rückhaltlose, unbefangene Hingabe" – Hingabe an die Phänomene, die Dinge, die Menschen. Das Loslassen des Ego in der Hingabe ist deshalb so entscheidend, damit wir beim Blick auf die Welt nicht mehr ständig nur unsere Eigenart gespiegelt bekommen. Wir müssen uns, wie Steiner betont, im Umgang mit der Welt immer wieder gezielt zum „völlig leeren Gefäß machen" können und „völlige innere Selbstlosigkeit" herstellen. Dabei gilt es als Ziel, „ein jegliches in seinem Wert, in seiner Bedeutung gelten zu lassen" (*Theosophie*).

Es ist leicht ersichtlich, dass diese Grundübung, obwohl zentral in der Anthroposophie verankert, nicht als „spezifisch anthroposophisch" reklamiert werden kann, sondern sich in den meisten ernstzunehmenden Richtungen wiederfindet. Nicht diese Praxis als solche, aber ihr Kontext ist in der Anthroposophie ein spezifischer. Denn auch hier treffen wir wieder auf das Motiv der Freisetzung des Absoluten im Relativen.

So wird zum Beispiel empfohlen, sich immer wieder einmal gezielt und unbefangen Menschen auszusetzen, die einem eigentlich ziemlich zuwider sind. Beim Anschauen und Anhören dieser Menschen solle man dann versuchen, mit aller Kraft die aufsteigenden (reaktiven) Emotionen und Gedanken zu unterdrücken. Wer das je versucht hat, der weiß auch, wie schwer es ist, beispielsweise einem Mitarbeiter zuzuhören, bei dem man bereits nach einem Satz zu wissen glaubt, was er über ein zur Debatte stehendes Problem vorzubringen haben wird. Nun kann man aber versuchen, einmal gar nicht auf das Inhaltliche zu achten, auf das sich Verstand und Emotionalität sofort stürzen wollen, sondern sich auf die Stimme, den Tonfall, die Willensansätze einzulassen. Mein Ziel ist es dann, für eine überschaubare Zeit einfach nur gelten zu lassen, was ist, auch und gerade wenn sich alles in mir wie instinktiv dagegen sträubt. Ganz unmittelbar ist es für die Situation schon wohltuend, die bisher allein fokussierte inhaltliche Ebene durch einen neuen Aspekt relativiert zu sehen; ich werde kreativ der Situation gegenüber, tauche ganz neu in ein Geschehen ein, dem ich bisher nur reagierend gegenüberstand. So bilde ich, wenn es gelingt, selbst einen Prozess-Schauplatz zu dem bisher vorhandenen Geschehen hinzu. Dadurch können sich zusätzliche Wirklichkeits-Schichten zeigen: Ich beginne vielleicht zu bemerken, woher das, was ich bei dem anderen bisher nur als

„Beschränktheit" erfahren habe, eigentlich stammt, ich spüre vielleicht eine tiefere Unsicherheit des anderen hinter seinen so vernünftig wirkenden Argumenten, ein tieferes Muster seiner Äußerungen, das mir verborgen geblieben wäre, wenn ich mich nur von der rationalen Ebene seines Verhaltens und meinen Reaktionen darauf hätte einnehmen lassen. Ich bemerke vielleicht auch, dass ich manches, was mich an dem anderen stört, von mir selber kenne – oder es mir sogar wünsche, aber nicht eingestehe. Ich werde für die geistig-soziale Gesamtkonstellation, in der er oder sie sich bewegt, sensibel.

Eine solche Übung verwandelt Muster, die uns nur in uns selbst einspinnen, in Organe, die uns mit den Dingen verbinden. Die Perspektive ist hier die einer Umkehrung der Intentionen: Ich verzichte, wenigstens phasenweise, darauf, meine Gefühle als Quelle des reagierenden Eigen-Erlebens zu genießen (sogar negativ besetzte Gefühle wie Sich-Ärgern oder Sich-als-Opfer-Fühlen können, wenn sie automatisch wieder und wieder ablaufen, eine solche „selbstgenüssliche" bzw. selbstbestätigende Funktion haben) und nutze mein Fühlen als etwas, durch das ein Ding, ein Wesen oder eine Situation sich in mir aussprechen kann.

Solche und andere Übungen der Hingabe erscheinen so elementar und – vor dem Hintergrund des Interesses an spiritueller Schulung – zunächst so wenig spektakulär, dass man sie in ihrer großen Bedeutung leicht übersehen kann; Steiner selbst hat sie so hoch eingestuft, dass er in dem Buch *Theosophie* auf die Frage, wie man zu „höheren Erkenntnissen" gelangen könne, hier ausschließlich auf Übungen dieser Art verwiesen und z.B. auf weiterführende Meditationsübungen ganz verzichtet hat.

Um das Ewige der Dinge im eigenen, verwandelten Bewusstsein aufleben lassen zu können empfiehlt Rudolf Steiner noch eine andere Übung. Wir sollen die Aufmerksamkeit gezielt und wiederholt auf Vorgänge zunächst des Wachsens und Gedeihens, dann auf Prozesse des Vergehens und Absterbens richten und dabei auf die besonderen, neuen Gefühle achten, die sich einstellen. Durch solche Übungen gewinnt man einen neuen, weit intimeren Zugang zur Natur als durch die Mittel des Intellekts, aber auch als nur durch bloß sympathische Emotionen. Man fühlt sich erlebend in die Natur hinein, die Grenzen von Innen und Außen verfließen. Überwältigt kann ich vor einem blühenden Rapsfeld stehen, dessen millionenfaches, harmonisches Leben von den Mikroorganismen bis zu den Insekten und Kleintieren meinen Verstand beschämt und mich aus meiner Enge als Betrachter löst. Im Herbst verstumme ich vor dem frisch abgeernteten Acker, der noch gestern in voller Frucht stand und heute nur noch die aufgeworfene, braune Erde zeigt.

Ähnliches regt Steiner für die klangliche Welt an: Die vergleichende Hingabe an das Tönen sogenannter lebloser Körper (z. B. einer Glocke) und an den Laut eines Tieres, beispielsweise eines singenden Vogels, schenkt mir im einen Fall die reine Offenbarung eines Gesetzes, der Offenbarung eines Stoffes als Klang, das ich unbegrenzt in seinem So-Sein vertiefen kann, im anderen Fall das Untertauchen in ein sich äußerndes Wesen, das mir bei aller Verschiedenheit seelisch verwandt, aber in der Selbstlosigkeit seines Ausdrucks doch auch weit voraus ist. Alle aufsteigenen Gedanken, Erklärungen, Assoziationen lasse ich beiseite und vertiefe mich nur in den Klang. Steiner spricht in diesem Zusammenhang auch von einem „Hören mit der Seele“, bei dem schließlich das „innere Wort“ in dem begegnenden Ding oder Wesen wahrgenommen wird: eine Verheißung, die viele Gesichter haben kann.

Bei der hier gemeinten Hingabe ist es immer wichtig, dass die Persönlichkeit sich in diesem Prozess nicht einfach „ausschaltet“, wohl aber von sich selbst absehen kann, indem sie selbst ganz aufmerksames Tätigsein wird. Dann kann es zu einem Umschlag vom Persönlichen in ein Über-Persönliches kommen.

Das Zurückdämmen des nur-persönlichen Elementes ist auch Gegenstand einer weiteren, grundlegenden Übung, die Rudolf Steiner empfiehlt. Es gehe darum, sich regelmäßig Zeiten der Ruhe einzurichten, in denen man mit einem gewissen Abstand sein eigenes Leben betrachtet, Wesentliches und Unwesentliches zu unterscheiden sucht und eine gewisse Distanz zu sich selbst schafft. Ähnlich regt Rudolf Steiner auch als Übung eine regelmäßige Rückschau auf die Tageserlebnisse an: Man möge doch einmal den Verlauf eines Tages so betrachten wie ein Wanderer ein Städtchen ansieht, wenn er es von einem nahen Hügel aus überblickt: die Straßen, wo er noch vor Kurzem innerhalb der Häuserwände gewandert ist, sieht er nun von oben, als ganze Struktur. Sich selbst und seinen Erfahrungen wie ein Fremder gegenüberzustehen kann so zu einer wichtigen Orientierungshilfe für das praktische Leben werden.

Steiner versteht Meditation als das zentrale Instrument, um das „Geistige im Menschen" so zu konzentrieren, dass es zu einem Organ werden kann, das uns zum „Geistigen im Weltall" führt. Der Geist, der wir selbst sind, wird sich seiner Unabhängigkeit von Körper und Seele schrittweise bewusst und schließt sich für die Begegnung und den Austausch mit dem Geist der Welt auf.

Vergleicht man den Stellenwert der Meditation in der Anthroposophie mit anderen spirituellen Richtungen, wird eine bestimmte Qualität bald deutlich: Steiner scheint Meditation immer als ein Mittel für die höhere Erkenntnis zu verstehen. Denn die Zielrichtung der Anthroposophie ist es ja, im Sinne einer „Geistes-Wissenschaft" die Spiritualität der Welt im konkreten Hier und Jetzt zu erkennen und innerhalb des Relativen das Absolute in einem erkennenden Innesein zu realisieren. Erkenntnis bedeutet aber hier nicht das in der cartesianischen Denkweise verstandene Abbilden einer äußeren Realität in einer subjektiven Innenwelt, sondern gerade das bewusste Verschmelzen von Subjekt und Objekt in einer höheren Ver-Wirklichung. Anthroposophie sucht die kosmische Qualität, die Einheit von Mensch und Kosmos, in der Auseinandersetzung mit der Welt. „Das mit dem Gedankeninhalt erfüllte Leben in der Wirklichkeit ist zugleich das Leben in Gott", lautete daher schon ein Kernsatz aus Steiners *Philosophie der Freiheit* von 1894, der bereits eine Meditationsformel darstellt. Solches „Leben in Gott" hat gleichzeitig eine uns weitende, universalisierende Rückwirkung auf unser Selbstverständnis, unser

Weltbild, unsere ganze ethische und existenzielle Ausrichtung.

Die Hinweise Steiners zur konkreten meditativen Praxis sind ebenso vielfältig wie unsystematisch. In dem Buch *Wie erlangt man Erkenntnisse der höheren Welten?* wird Meditation zunächst als ein zu schaffender Ort regelmäßiger innerer Sammlung beschrieben. Steiner erwähnt dabei fast beiläufig, diese könne man sich am besten aus den mystischen und gnostischen Schriften selbst wählen. In der von ihm zu Beginn des 20. Jahrhundert geleiteten Meditationsschule empfahl er beispielsweise die damals nicht nur unter Theosophen sehr geschätzte, alt-indische Bhagavad Gita, was seinen Respekt gegenüber den großen, ewigen Weisheiten der Menschheit unterstreicht.

Steiner hat im Laufe seines Wirkens verschiedene Arten von Meditationen entwickelt. Vielleicht am innovativsten sind seine Wahrnehmungsmeditationen, die sich insbesondere in *Wie erlangt man Erkenntnisse höherer Welten* finden. So soll zum Beispiel das Samenkorn einer Pflanze zum Inhalt der Meditation genommen werden. Die in dem konkreten, kleinen Samen schlummernde, reale Lebenskraft soll man in sich selbst lebendig machen, so dass das eigene Bewusstsein zum auffassenden Organ für das tatsächliche, im Samen noch unentfaltete Leben der künftigen Pflanze werden kann. Ziel dieser Sensibilisierung ist die Erfahrung des eigentlichen Lebens, zum Beispiel in Art einer aurischer Erscheinung. Hier wird wieder deutlich: Der weitere Kontext von Meditation ist für Steiner das Ziel einer erweiterten Erkenntnis.

Andere Arten von Meditationen richten sich auf Symbole wie zum Beispiel den Merkurstab oder auf Worte und

Sätze, oft mit mantrischem Charakter und bisweilen von Visualisierungen unterstützt, die auch durch die Wortwahl nahegelegt werden. Viele der von Steiner geprägten Meditationssprüche werden in der anthroposophischen Bewegung bis heute praktiziert. Steiner hat auch einzelne mantrische Übungsformeln empfohlen, etwa den Satz:

„Die Weisheit lebt im Licht".

Um sich die Wirkung einer solchen mantrischen Meditation klarzumachen, können wir sie der Haltung des Gebets gegenüberstellen: Das Wesentliche beim Gebet liegt ja, ganz abgesehen vom jeweils konkreten Inhalt, darin, dass es sich an jemanden mit einer bestimmten Aussage oder Bitte richtet. Die Meditation indessen hat in diesem Sinne kein intentionales Gegenüber, vielmehr ist sie eine Verrichtung, die ihren Inhalt und ihren Sinn durch sich selbst und durch die Aktivität des Meditierenden eigentlich erst erzeugt.

Es geht dann darum, mittels der mantrischen Worte einen selbst gewählten und erzeugten Inhalt in einem von allen Alltagsgedanken gereinigten Bewusstsein präsent werden zu lassen. Der Ausdruck „präsent werden lassen" ist hier bewusst gewählt um zu betonen, dass es in der Meditation nicht um ein Selbst-Erleben geht, auch nicht um ein Erleben des „Innern". Die eigene Befindlichkeit, eigene Gedanken und Gefühle sind (auch hier vollkommen anders als bei Gebet oder Kontemplation) störende Elemente.

In allen Meditationsformen, die Rudolf Steiner vorschlägt, wird das Element des Gedankens nicht abgewiesen, sondern gezielt einbezogen und damit gewissermaßen

„neutralisiert“: Alle Aufmerksamkeit wird in die Aufrechterhaltung eines bestimmten Gedankens, eines Satzes, eines Symbols oder eines Samenkorns investiert, bis sie sich sozusagen von innen offenbaren. Nicht um das geht es, woran sich Erinnerung, Verstand oder Logik festhalten könnten, sondern um diejenigen Qualitäten, die sich in der aktiven Aufrechterhaltung der Aufmerksamkeit aufbauen.

Wichtig ist hierbei überhaupt nicht, was ein Meditationswort wie die Formel „Die Weisheit lebt im Licht“ inhaltlich bedeuten mag oder woher ein solcher Satz (der Tradition nach) stammt, wichtig ist, dass dieser Gedanke sich nicht auf schon Gedachtes, auf keine gebildeten Vorstellungen, keine Erinnerung stützen kann. Dieser Gedanke ergibt ja auch analytisch oder deduktiv eigentlich keinen „Sinn“. Wer ihn meditiert, erfährt allerdings, dass er durch die Meditation eine ganz bestimmte, eigene Kraft und Substanz erst gewinnt.

Steiner schildert, dass ein solcher Satz, richtig meditiert, sich gar nicht mehr auf das Gehirn als das Instrument des üblichen Denkens stützen kann, sondern dass er unabhängig von unserer physischen Organisation „realisiert“ wird: „In einem solchen Fall halten wir durch die Meditation den Gedanken so weit zurück, dass er sich nicht mit dem Gehirn verbindet.“ (Vortrag vom 1.5.1913) Solche Behauptungen wissenschaftlich nachzuprüfen war zu Steiners Zeit technisch noch nicht möglich. Wer seine Ausführungen heute liest, denkt aber vielleicht unwillkürlich an den bekannten Versuch, dem sich Ken Wilber unterzog, indem er während einer tiefen Meditation seine Hirnströme messen ließ und diese offenbar auf Null zurückfielen. Wilber ließ dieses

Experiment auch per Video dokumentieren (auf YouTube zu sehen und nachzulesen in seinem Buch *Einfach Das).* Entscheidend ist hier, abgesehen von allem scheinbar Spektakulären, dass sich für den Meditierenden grundsätzlich zeigt, dass es ein Bewusstsein gibt, das nicht an den eigenen Körper und an körperliche Erfahrung gebunden ist.

Die Qualität dieser Art von Meditation hat Rudolf Steiner an anderer Stelle auch so beschrieben:

„Es bleibt ein Denken, das keine Gedanken hat; man denkt, denn man ist bewusst, aber man hat keine Gedanken. Dadurch können die geistigen Mächte ihren Inhalt in dieses Denken einströmen lassen. Solange man es selbst ausfüllt, können sie nicht hinein. Je länger man im Bewusstsein die Tätigkeit des Denkens ohne den Inhalt des Denkens festhält, desto mehr offenbart sich die übersinnliche Welt." (*Vor dem Tore der Theosophie*)

In wieder anderem Zusammenhang spricht Steiner davon, dass sich mit der Befreiung des Bewusstseins vom Gehirn eine intensive Licht-Erfahrung verbindet: „Man kann nicht anders sagen als dass es sich ausnimmt wie flutendes Licht ... es hat die Wirkung, wie wenn es uns zerreißen und in den ganzen Raum hinausstreuen würde, wie wenn wir zerfließen würden in ihm selber, wie wenn wir uns auflösen würden, den Boden unter den Füßen verlören ..." (*Der Mensch im Licht von Okkultismus, Theosophie und Philosophie*).

Chakren-Lehre als Tugend-Praxis

Was Rudolf Steiner zu Beginn des 20. Jahrhunderts unter dem Motto *Wie erlangt man Erkenntnisse der höheren Welten?* veröffentlichte, enthält bis heute viele für die Anthroposophie maßgebliche Übungen zur Transformation des persönlichen zum überpersönlichen Selbst. Steiner konnte dabei zu seiner Zeit manches an Kenntnis der verschiedensten spirituellen Traditionen bereits voraussetzen. Was damals allerdings erst ganz anfänglich in Europa bekannt wurde – zum Beispiel elementare Übungen aus Yoga und Buddhismus oder der Umgang mit Auren und Chakras – ist gerade in den letzten 25 Jahren mehr und mehr auch im Westen in die Öffentlichkeit gedrungen. Steiner greift solche Techniken auf und stellt sie in den Kontext einer Weitung unserer Wahrnehmungsfähigkeit und der Umkehr unserer Bewusstseinskräfte von reaktiven Resonanzflächen in konstruktive Auffassungsorgane.

Eine besondere Rolle nimmt dabei die Lehre von den so genannten Chakras ein, die vor allem aus der Esoterik des Ostens bekannt sind und zumeist als feinstoffliche Zentren im menschlichen Energiekörper vorgestellt werden. Hier gilt ganz offensichtlich und in besonderem Maße, was für die spirituelle Praxis der Anthroposophie grundsätzlich gesagt werden kann: Nicht einzelne Techniken oder Methoden machen des Spezifische bei Steiner aus, sondern ihr transformativer Kontext. Auch die Chakras haben für Steiner, genau wie die elementaren Haltungen der Aufmerksamkeit und Hingabe, nur den einen Sinn, uns für die Eigengeistigkeit der Dinge, der Welt und des Kosmos offen zu machen.

In Steiners Schilderung werden die Chakras zu Wahrnehmungsorganen, die sich auf Geistiges richten. Man sollte sich aber hüten, sich die Chakras analog den physischen Sinnesorganen (Auge, Ohr) als irgendwie materiell vorhanden vorzustellen. Denn die „höheren Organe" bestünden ausschließlich „in einer bestimmt geformten Seelenbetätigung; und sie existieren nur insofern und solange, als diese Seelenbetätigung geübt wird", wie er an anderer Stelle ausführt (*Geheimwissenschaft*). Bezeichnenderweise sieht Steiner auch den Sinn der Entwicklung der Chakras im Unterschied zu manchen buddhistischen Darstellungen nicht darin, diese „Räder" zur Ruhe zu bringen, sondern sie in „Drehung" zu versetzen. Dies verweist auf ein durchaus post-metaphysisches Grundverständnis Höherer Welten bei Rudolf Steiner: Wie bei allem Erkennen von Wirklichkeit sind wir auch am Erkennen jener Höherer Welten konstruktiv beteiligt: die höheren Wirklichkeiten zeigen sich uns also nur soweit und insofern, als wir unsere eigenen Tätigkeits-Dispositionen dazu vorbereitet haben.

Es kann an dieser Stelle nicht versucht werden, einen Gesamtüberblick über Steiners Verständnis der Chakras zu geben – in *Wie erlangt man Erkenntnisse höherer Welten* finden sich dazu weitläufige Schilderungen. An zwei Beispielen soll hier aber die grundsätzliche Bedeutung dieser Lehre charakterisiert werden.

Denn auf zwei der Chakras kommt Steiner besonders ausführlich zu sprechen: das Kehlkopf- und das Herz-Chakra. Das Kehlkopf-Chakra besteht nach Steiner aus sechzehn Elementen („Blättern"), von denen wir acht selbst zur Entfaltung bringen müssen. Das Wirksam-Werden jedes dieser acht Blätter hängt jeweils mit einer bestimmten zu praktizierenden inneren Haltung zusammen. Es sind die als ein harmonisches Ganzes zu verstehenden Übungen, die auch der Buddha als den „achtgliedrigen Pfad“ gelehrt hat und an die Steiner ausdrücklich anknüpft. Dieser Pfad besteht aus den Übungen der rechten Erkenntnis, des rechten Entschlusses, der rechten Rede, des rechten Handelns, des rechten Maßes, des rechten Strebens, des rechten Lernens und der rechten Versenkung. Durch die Übung dieser Haltungen aktiviert sich nach Steiner das Kehlkopf-Chakra und wird zu einem Wahrnehmungsorgan für die „Gedankenart“ anderer Menschen sowie für die „wahren Gesetze der Naturerscheinungen“. Dabei handelt es sich natürlich nicht um ein intellektuelles Wissen, sondern um ein intuitives Wahrnehmen der Gedanken und Gesetze in Form von „Gestalten“, was Steiner zum Teil sehr plastisch ausmalt: Rachegedanken soll man mit Hilfe dieses Organs etwa als „zackige“ Figuren wahrnehmen können, wohlwollende Gedanken als blumenförmige Gebilde.

Demgegenüber soll die Entfaltung des (zwölfblättrigen) Herz-Chakras zur direkten Wahrnehmung der seelischen Dimension von Gedanken und Gesetzen führen, indem ihre seelische „Wärme“ oder „Kälte“ empfunden wird. Auch zur Aktivierung dieses Chakras nennt Steiner einen ganzen Fächer von (diesmal sechs) Haltungs-Übungen: es sind dies die Beherrschung des Gedankenverlaufes, Kontrolle der eigenen Handlungen, die rechte Ausdauer, Duldsamkeit, unbefangenes Vertrauen und Gleichmut.

Die konkreten Übungen zur Ausbildung der Chakra-Organe haben also den Charakter dessen, was seit der Antike unter dem Begriff der „Tugenden“ behandelt wird. Es geht um eine elementare Charakterschulung und die Entwicklung persönlicher Moralität auf den Ebenen des Kognitiven (Urteilsbildung), des Emotionalen (Gefühle) und des Verhaltens. Auffällig ist bei Steiner die enge Verknüpfung, ja Identität von Moralität und objektiver Wahrnehmung des Geistigen, denn die zu übenden Tugenden sind ja nicht „sekundäre“ Begleitung der eigentlich spirituellen Entwicklung, nein: Die Erweiterung, die durch Tugenden wie Selbstkontrolle, Ausdauer oder Toleranz konkret entsteht, bedeutet eine Erweiterung unseres Wesens und unserer Wahrnehmungsfähigkeit. Weil alle Geistigkeit in der Welt ihrem Wesen nach autonome Aktivität ist, kann auch nur das Tätige in uns zum Auffassungsorgan für den Geist werden. Hier gilt der Grundsatz: „Gleiches erkennt Gleiches“: „Diese Gesetze, welche die Ausbildung der höheren Organe des Geistes selbst besorgen, sind keine anderen als die gesunden Vernunft- und Moralgesetze der physischen Welt“, so Steiner.

Immer wieder ermahnt Steiner dazu, auf die allseitige Ausbildung der verschiedenen Tugenden zu achten. Sonst könnte, wer beispielsweise die Ausdauer ohne Toleranz betont, leicht etwas „Verbissenes“ in seinem Verhalten bekommen. Außerdem könnten Friktionen und Verwerfungen der Entwicklung auftreten – man kann z.B. auf dem einen Gebiet schon subtile Wahrnehmungen machen, auf einem anderen, vielleicht ganz elementaren Gebiet, jedoch Wahrheit und Irrtum nicht unterscheiden. Nicht selten gibt es die Mischung, dass im Zuge der Verfeinerung der Wahrnehmung für seelische und geistige Vorgänge beispielsweise eine Anfälligkeit für phantastische Vorstellungen auftritt, dass man bereit ist, unkritisch allerlei geheimnisvolle feinstoffliche Wirkungen anzunehmen oder dass man hinter politischen Verhältnissen Verschwörungen vermutet. Mit anderen Worten: Wer auf bestimmten Gebieten der Erfahrung voranschreitet, kann durchaus in anderen Bereichen seine gesunde Urteilskraft einbüßen. Auch ist es möglich, dass man durch innere Konsequenz zu teilweise tiefen Einblicken kommt, seinen Mitmenschen gegenüber jedoch ein desinteressierter, hochmütiger und liebloser Zeitgenosse wird. Auf solche Phänomene hat neuerdings auch Ken Wilber hingewiesen, wenn er auf durchaus unterschiedlich verlaufende „Linien" des menschlichen Psychogramms und den Unterschied von „Stages and Structures" der spirituellen Entwicklung aufmerksam macht.

Und wie steht es nun mit der Wahrnehmungsfähigkeit der Chakren? Welche Art von Erfahrung vermitteln sie? Hier gibt es in der Nachfolge Steiners (und übrigens auch sonst in der esoterischen Literatur) erst relativ wenige seriös wirkende Ergebnisse. Allerdings entwickeln viele Menschen, die sich auf diesen Weg begeben haben, ein Gespür für einzelne Chakras. Sie bemerken, wie sich in bestimmten Situationen im Sinne von Resonanz einzelne dieser Wahrnehmungszentren zu regen beginnen. Außerdem sollte man sich hier nicht durch die Fixierung auf bestimmte Zustandserlebnisse unter Druck setzen: Auch jede scheinbar unspektakuläre Sensibilisierung, die in Richtung einer direkten Wahrnehmungsfähigkeit für eine bestimmte Geistesart, für große kosmische Ordnungen oder für die Seelenwärme bzw. -kälte von geistigen Phänomenen führt, ist bereits ein wertvoller Schritt der inneren Entwicklung.

Und noch einmal sei der Grundgedanke anthroposophischer spiritueller Praxis betont: Tugenden sind nicht moralisches Beiwerk zum „eigentlichen" spirituellen Weg, sondern verdichten sich zu selbst hervorgebrachten Erkenntnis-Organen; das Ziel ist auch hier die konkrete Erweiterung unseres zunächst ego-verengten Menschseins durch erkennendes Eins-Werden mit dem Geist der Dinge und dem Ganzen des Kosmos.

Den Terminus der „Erleuchtung" verwendet Steiner dabei übrigens gezielt für das beginnende, höhere Wahrnehmen. Auch dies ist wichtig: Die einsetzende „Erfüllung" mit dem konkreten Geist der Dinge ist für ihn gleichzeitig die Höher-Transformation des Menschen, seine „Erleuchtung".

V. Eine Anthroposophie im 21. Jahrhundert

Plädoyer für eine authentische, reflektierte Erfahrungs-Spiritualität und Erneuerung im Dialog – ein Ausblick.

Die Entwicklung aller gesellschaftlichen Lebensverhältnisse in Richtung ihrer Humanisierung ist in der Anthroposophie weder graue Theorie noch bloßer Idealismus. Heute sind es die sichtbar gewordenen praktischen Früchte, durch die viele Menschen Kontakt mit Anthroposophie haben. Rund siebentausend Einträge im deutschsprachigen Raum zählt das inzwischen auch online zugängliche Adressenverzeichnis Anthroposophie – allesamt Adressen von Einrichtungen und Einzelpersonen, die ihre Leistungen öffentlich anbieten. Anthroposophie hat sich als ein gesellschaftlicher Faktor bewährt, durch die Waldorfpädagogik als meist verbreitete Reformschule, durch die anthroposophisch erweiterte Medizin oder die biologisch-dynamische Landwirtschaft, die erste ökologische Anbauweise in Europa. Auch Steiners Idee der sozialen Dreigliederung hat nicht nur später beispielsweise Künstler wie Joseph Beuys inspiriert, sondern auch nachhaltige wirtschaftliche Unternehmen wie die GLS-Bank, die Bio-Kette Alnatura oder die auf anthroposophischen Ideen fußende Sekem-Farm in Ägypten.

Warum weiß man nur relativ wenig über die geistige Innenseite der hoch engagierten anthroposophischen Bewegung? Woran es hier möglicherweise fehlt, mag durch einen Vergleich deutlich werden: Auf allen Praxis-Feldern haben sich die anthroposophischen Ansätze bewährt, weil sie – gerade durch den Kontakt mit der Wirklichkeit des Lebens – auf all diesen Gebieten sozusagen gezwungen waren, in den Jahren nach Steiners Tod auf neue Entwicklungen auf den jeweiligen Fachgebieten einzugehen, sich anzupassen, aber auch kreative neue Lösungen zu finden. Um es anschaulich zu machen: Ein Lehrerkollegium, das heute noch auf dem Stand der ersten Waldorfschule in Stuttgart stehen würde, wäre unfähig, auch nur eine Woche Unterricht mit den Schülerinnen und Schülern in der Welt von heute zu überleben. Die Arbeit der anthroposophischen Pädagogen, Mediziner, Landwirte und Unternehmer ist aber gerade deshalb und nur insoweit so erfolgreich, als die Impulse Steiners in zeitgemäßer Form selbständig aufgegriffen und umgesetzt werden können. Genau darin jedoch liegt der große Unterschied zur anthroposophischen „Innenwelt“: Allzulange ist anthroposophische Spiritualität in starker Abgeschiedenheit gepflegt worden, hat man überlieferte Arbeitsformen ritualisiert und Steiners Werk als exklusiven Lehrinhalt in überwiegend internen Veranstaltungen gepflegt – das typische Predigen vor den bereits Überzeugten. Oftmals aus Furcht vor Veräußerlichung oder auch wegen der empfundenen „Bedrohung“ durch eine vermeintlich dem Kulturverfall geweihten „Außenwelt“ hütete man das Gedankengut Steiners wie einen Gral, dessen Wortlaute allein genügten, um höchsten Ansprüchen an den eigenen

Beitrag zum Weltgeschehen zu genügen. Gleichzeitig muss man zugestehen, dass bis weit in die 90er Jahre des 20. Jahrhunderts hinein sozusagen korrespondierend zu dieser inneren Abschottung auch im wissenschaftlichen und kulturellen Mainstream praktisch keinerlei Neigung anzutreffen war, sich ohne Berührungsängste mit Rudolf Steiner auseinanderzusetzen, der ja als einer der folgenreichsten Philosophen, Esoteriker, Sozialreformer und Kulturschaffenden des 20. Jahrhunderts eigentlich nicht zu übersehen war. Sein Werk aber wurde von Intellektuellen meist nur mit spitzen Fingern angefasst und in der Regel mit ebensolchen Bemerkungen zur Seite gelegt.

Dafür, dass sich diese „Großwetterlage" inzwischen geändert hat, sind beispielsweise eine ganze Fülle von Publikationen in nicht-anthroposophischen Verlagen symptomatisch, die von verschiedenen Autorinnen und Autoren aus Anlass von Steiners 150. Geburtstag erschienen sind. In Steiners Geburtstagsjahr 2011 gab es nicht nur ein breites und überwiegend würdigendes mediales Echo auf sein Lebenswerk, auch seine Präsenz auf großen Kunstausstellungen, die Steiners Werk offensiv in den Kontext der ästhetischen Postmoderne stellten, rückten sein Werk mit einem Mal in den Mittelpunkt des Interesses. Seit 2013 wird sogar in einem renommierten deutschen Fachverlag für Philosophie, in dem auch Werke von Schelling, Freud und anderen bedeutenden Autoren erscheinen, eine Kritische Ausgabe der Werke Steiners herausgegeben. – Dem korrespondiert umgekehrt wiederum die seit den 2000er Jahren deutlich gestiegene Fähigkeit auf anthroposophischer Seite, Steiners Ansätze in den Formen unserer Zeit wissenschaftlich, medial und ästhetisch zu präsentieren und zu interpretieren. Hier sind etwa Bemühungen wie die der Alanus Hochschule bei Bonn zu nennen, die Auseinandersetzung mit Steiners Ideen auf Augenhöhe mit den akademischen Wissenschaften zu führen. In vielen anderen Initiativen der Gegenwart, ob bei den verschiedenen Verbänden der anthroposophischen Bewegung oder einzelnen Persönlichkeiten, sind heute ähnliche Prozesse im Gange.

Auch für das Ziel, die Anthroposophie in ein Gespräch mit anderen spirituellen Strömungen zu bringen, gibt es wichtige Anfänge. Ich denke hier etwa an die Arbeit des US-Physikers und Anthroposophen Arthur Zajonc, der, ohne den Namen Steiners auf dem Schild vor sich herzutragen, als Anthroposoph glaubwürdig im interspirituellen Dialog auftritt. Ich denke an Menschen wie Anna-Katharina Dehmelt, die – selbst in der Anthroposophie verwurzelt – ein Institut für Anthroposophische Meditation aufbaut und dabei wie selbstverständlich einen Bogen zwischen vielen meditativ praktizierenden Anthroposophen und der wissenschaftlichen Meditationsforschung spannt. Ich denke auch an manche andere Anthroposophen, die lebendige Beziehungen zu spirituellen Lehrerinnen und Lehrern außerhalb der Anthroposophie pflegen oder offen mit den Werken zeitgenössischer spiritueller Lehrer umgehen. Ich denke auch an meine eigenen Versuche, publizistisch und durch Veranstaltungen (besonders die Herbstakademie Frankfurt) eine moderne Anthroposophie mit verwandten spirituellen Strömungen in einen fruchtbaren Dialog zu bringen.

Einem offenen und gleichberechtigten Gespräch steht leider noch immer die Haltung mancher Anthroposophen entgegen, wonach die Anthroposophie Steiners grundsätzlich „unvergleichlich“ sei. Es ist die Haltung einer gewissen Exklusivität, die davon überzeugt ist, dass es seit und nach Steiner eigentlich nichts Neues und Wichtiges mehr auf dem Gebiet der Spiritualität zu erfahren gäbe – als sei Steiner ein letztmöglicher Prophet, in dessen Nachfolge es nur noch Auslegungsarbeit zu leisten gäbe.

Wenn hier für Dialog und die Suche nach Austausch mit Strömungen plädiert wird, die dafür offen und auch thematisch geeignet sind, dann geht es nicht um eine unkritische Öffnung, nicht um eine Vermischung von Geistes-Richtungen und schon gar nicht um eine Verwässerung der Anthroposophie, wohl aber um eine Verflüssigung von Verhärtungen. Es geht um ein Sondieren und Fruchtbar-Machen von geistigen Schnittmengen, etwa zum Umkreis der „integralen Spiritualität“ mit dem dort anzutreffenden Willen zu einer wissenschaftlich-erkenntnismäßigen Grundierung des Spirituellen. Ken Wilbers hoch interessantes Buch *Einfach Das* beispielsweise bietet Einblicke in die persönliche meditative Erfahrung des Autors, aus der heraus er die Qualität höherer Bewusstseinsstufen beschreibt, die wir auch aus entsprechenden Darstellungen Rudolf Steiners kennen. Wer dagegen Wilber nur an dessen freilich oft sehr schematischen Darstellungen misst und ihn pauschal für „intellektuell“ erklärt, sieht genauso nur die Außenseite wie jene, die behaupten, Steiner habe lediglich die theosophischen Schemata zur Einteilung von Mensch und Welt adaptiert.

Warum ist gerade der interspirituelle Dialog so fruchtbar? Weil er uns beispielsweise dazu bringt, gewohnte Ausdrucksformen zu verlassen und zu erforschen, was wirklich essenziell neu und anders an der Anthroposophie ist. Rudolf Steiner hat an einer Stelle seiner Autobiographie im Ton des Bedauerns erwähnt, dass für ihn die Anknüpfung an die Theosophische Gesellschaft damals nur der zweitbeste Weg für seine spirituelle Mission war und er sich auch ganz andere, modernere Zugänge zur Geistwelt hatte vorstellen können. Wie aber würde wohl eine Anthroposophie ohne die theosophische Metaphysik aussehen? Das evolutionäre Element der Spiritualität war für Rudolf Steiner essentiell. Er hat von seinem Frühwerk an, dabei die Impulse des philosophischen Idealismus aufgreifend, die Idee vertreten, dass die Weltentwicklung im Menschen zu sich selbst kommt und von hier aus eine neue Zukunft beginnt, eine neue Welt. Wie schade, wenn man heute als Anthroposoph an zeitgenössischen Impulsen vorbeigeht, die genau diese Ideen in den Mittelpunkt nicht nur ihrer Lehre, sondern auch ihrer spirituellen Praxis stellen.

Für einen geistigen Impuls ist es lebensnotwendig, dass er in einen vorbehaltlosen Austausch mit anderen Richtungen tritt. Hemmnisse auf terminologischem Feld müssen dabei die kleinste Schwierigkeit bilden. Hier gilt das Wort Heideggers, wonach man den Stand einer Disziplin daran messen kann, inwieweit sie zu einer Kritik ihrer Grundbegriffe fähig sei. Zu einem Dialog gehört es, eigene Standpunkte in Frage stellen zu lassen und selbst in Frage zu stellen, und zwar in dem Sinne, wie dies Heidegger meinte, als er von einem „In-die-Frage-Stellen" sprach, also einem Vorgehen, zentrale Probleme des Erkennens immer wieder aus einem Ursprungsbereich heraus, da, wo sich etwas „ereignet", zu behandeln, also anders denn nur historisch, philologisch oder metaphysisch.

Keine Frage, kein Thema braucht davon ausgenommen zu sein. Manches wird man dabei im Ergebnis – dieses Risiko geht man ein, wenn man auf den wehenden Geist und nicht den toten Buchstaben hört – auch fallenlassen. Das gilt bei Steiner insbesondere für seine Aussagen über Menschen mit anderer als weißer Hautfarbe, die man heute – trotz des grundlegenden Humanismus und Individualismus in Steiners Denken – nicht anders als rassistisch und zeitlich komplett überholt bezeichnen muss. Es gilt auch für Steiners oft begrenzte Sicht des Judentums, die einem christozentrischen Denken entsprach, dessen Überwindungsbedürftigkeit sich die Kirchen heute weit bewusster sind als noch viele Anthroposophen.

Es geht aber nicht etwa vor allem darum, „unbequem" gewordene Themen Steiners abzuwerfen. An vielen anderen Stellen müssen seine Anregungen überhaupt erst begriffen und aus ihrer in Gewohnheitsdenken erstarrten Form verflüssigt werden. Zum Thema „Christentum" etwa stellt sich heute die große Herausforderung, die vor allem in manchen Vorträgen Steiners betonte Exklusivität der christlichen Religion einerseits und den von ihm selbst gewollten überkonfessionellen Charakter der Anthroposophie andererseits neu zu gewichten. Denn wir Heutigen leben – anders als zu Steiners Wirken, als die Wiederentdeckung der christlichen Spiritualität innovativ war – in einer Zeit der globalisierten Spiritualität und Religiosität. Dass in dieser veränderten Lage eine Bewegung wie die Anthroposophie sich zentral auf eine der großen Weltreligionen begrenzt, läuft dem weltbürgerlichen Anspruch der Anthroposophie diametral entgegen. Es genügt hier keinesfalls, als Gegenargument Äußerungen

Rudolf Steiners zu zitieren, die für eine alternativlose Betonung des christlichen Elementes zu sprechen scheinen (die es natürlich zuhauf gibt). In-Frage-Stellung im oben gemeinten Sinne heißt hier zu fragen: Was hat Steiner denn damit gemeint? Wie stellen wir uns diesen „Christus" in seinen kosmischen Dimensionen vor, von dem Steiner gesprochen hat, wie denken wir das damit Gemeinte? Können wir uns diese Kraft, die von Beginn der Evolution wirksam gewesen sein soll, vorstellen wie einen Menschen, wie ein handelndes Subjekt? Wohl kaum. Was bedeutet eigentlich: Christus-„Impuls"? Und vor allem: Wie können wir so danach fragen, dass wir nicht von Zitaten Rudolf Steiners abhängig sind, die ja ihrerseits wieder interpretationsbedürftig sind (siehe oben)? Liegen die spirituellen Erfahrungen Rudolf Steiners, die ihn veranlasst haben, in einigen Werken zentrale Motive des Christentums aufzugreifen, in ihrem Wesen möglicherweise „oberhalb" alles dessen, was in den diesbezüglichen religiösen Ausdruckformen – und in diese taucht man ja bereits mit dem Gebrauch des Namens „Christus" ein – zu fassen ist? Erst in einer solchen „trans-christlichen" Frage-Dimension, die auch das überkonfessionelle Bemühen des esoterischen Christentums noch übersteigen würde, wo es dann nicht mehr um Namen, Traditionen und Identifikationen ginge, sondern um ursprüngliche spirituelle Erfahrungen, wäre in der Folge auch ein Dialog mit anderen geistigen Richtungen fruchtbarer, weil von festen Vorstellungen unbelasteter (bei Rudolf Steiner selbst gibt es richtungweisende Ansätze dazu, z.B. in den Vorträgen Zürich 17.12.1912 und Zürich 16.10.1918). Es muss also Raum in der Anthroposophie sein für ein radikales, auch provokatives Fragen, das nicht allein auf immer schon bekannte Antworten hinausläuft, das nicht allein immer schon das „Suchen des Christus“ voraussetzt, das Freiheit gibt für echtes Forschen, für verschieden weit entwickelte Stufen des Erkennens, auch wenn es manchmal schwer wird, dann zwischen verschiedenen Werte- und Bewusstseinsstufen zu kommunizieren.

Für die Bearbeitung dieser und anderer wichtiger Grundsatzfragen wäre eine Neubesinnung auf die philosophisch-gedanklichen Grundlagen der Anthroposophie hilfreich, wie sie in diesem Büchlein skizziert wurden – eine Neubesinnung auf eine ursprüngliche, „nicht-theosophische“ Anthroposophie. Es würde eine Weichenstellung bedeuten, die dem vertieften Fragen Vorrang gibt gegenüber dem Wissen über Höhere Welten und lebendiges Denken einem esoterischen Kombinieren vorzieht. Es würde auch bedeuten, möglicherweise vieles (wenigstens für gewisse Zeit) zurückzustellen, was heute an Einzelhinweisen aus Steiners Werk über esoterische Zusammenhänge bekannt ist und dem Erüben elementarer Fähigkeiten des Umgangs mit Phänomenen des Denkens und des Bewusstseins dort die nötige Sorgfalt zu geben, wo heute noch vielfach Geringschätzung dafür verbreitet ist. Diese Grundlagen würden für die mehr interne Arbeit der anthroposophischen Bewegung eine (auf-)klärende Wirkung gegenüber den oft nur tradierten Beständen esoterischen Wissens haben und im Dialog nach „außen“ ein der Gegenwart entsprechendes Problembewusstsein und Diskursniveau gewährleisten. Das wäre nicht zuletzt auch deshalb sinnvoll, weil es helfen würde, den Beitrag der Anthroposophie zu einer spirituell-humanistischen Erneuerung unserer Gesellschaft besser einzubringen.

Denn es ist zweifellos schade, wie oft diese wichtige und erfahrene Stimme immer noch fehlt, wenn heute das Thema Spiritualität irgendwo auf der Tagesordnung seht. Dass man die Anthroposophie häufig übersieht oder sich nicht für sie interessiert – es hat auch damit zu tun, dass dieses Interesse für andere Ansätze lange Zeit unter Anthroposophen so wenig ausgeprägt war. Interesse ist eine Frage der Gegenseitigkeit, und das beste Mittel dazu ist der Dialog.

Dieser Dialog ist nicht nur lebenswichtig, er macht auch Freude – das Erlebnis, sich geistig im Anderen zu finden, gehört zu den echten Glücksmomenten des Lebens. „Ich werdend spreche ich Du", heißt es beim Meister des Dialogs, Martin Buber. Dialog ist, so gesehen, ein essentieller Baustein zu einem erweiterten Identitäts-Verständnis, nicht des Austausches zwischen schon Gewordenem, sondern dem Werden im Austausch. Es gibt einen Schulungshinweis Rudolf Steiners, der darin besteht, sich klarzumachen, was alles dazu geführt hat, dass ich zu dem geworden bin, was ich bin, und wie viel von dem, was mir heute wesentlich ist, ich der Begegnung mit anderen Menschen verdanke – die manchmal nur kurz in mein Blickfeld traten und dann wieder verschwunden waren. Wenn ich diese Wegmarken innerlich zusammenschaue, dann wird die Rolle meines „autonomen Ich" plötzlich ganz klein, es bleibt fast nichts übrig, auf das ich Grund hätte, mir selbst etwas einzubilden. Aber diese Perspektive muss mir keine Angst um mein Selbst machen, im Gegenteil, ich kann eine Art Dankbarkeit und Liebe zu der Kraft empfinden, die mir – neben allen Problemen und Brüchen des Lebens – immer wieder auch neue Perspektiven zeigt, die ich aus mir selbst heraus nicht finden würde.

Und die weitere Entwicklung? Die ist vollkommen offen. Manchmal möchte man ein alles überschauendes, alles regelndes und alle Antworten wissendes Individuum sein. Manchmal erscheint es aber der Wirklichkeit angemessener, sich dem alles tragenden Strom des Weltgeschehens einfach zu übergeben. Mein „Ich“ hätte dann vor allem die Aufgabe der Wachsamkeit und Verantwortlichkeit diesem Strom gegenüber, wäre aber nichts, was ich für immer festhalten könnte. Ist es nicht gerade ein Qualitätsmerkmal echter Evolution, auch jeder kulturellen und spirituellen, nicht zuvor zu wissen, wie die Gestalt aussieht, die sich als nächstes ergeben wird? Jeder Künstler weiß, wovon hier die Rede ist. Und Anthroposophie ist immer auch Kunst.

Bücher zur Anthroposophie im Info3-Verlag

Auswahl

Gary Lachman
Die Rudolf Steiner Story
Ein neuer Blick auf Leben und Werk eines spirituellen Pioniers
282 Seiten, gebunden (2010), ISBN 978-3-924391-40-9

Rudolf Steiner wird für die einen eine faszinierende Herausforderung und für andere ein Stein des Anstoßes bleiben. Was an beiden Sichtweisen berechtigt ist, zeigt diese von einem Nicht-Anthroposophen vorgelegte Biographie. Sie arbeitet Steiners Werdegang und dessen Auseinandersetzung mit den großen Motiven der Geistesgeschichte heraus, interessiert sich aber auch für seine menschliche Seite. Lachmans Einführung bildet so genau jene Brücke, auf die ein spirituell offenes Publikum der Gegenwart gewartet hat, um einen der großen geistigen Pioniere unserer Zeit neu zu entdecken.

Elisabeth Beringer
Rudolf Steiner
Leben, Gedankenwelt, Impulse
110 Seiten, kartoniert (2010), ISBN 978-3-924391-62-1

Dieses Buch informiert reich illustriert und gut verständlich über Rudolf Steiners Lebensstationen, über die Grundlagen der von ihm entwickelten Anthroposophie und ihre Anwendungen in Pädagogik, Landwirtschaft, Medizin, Kunst und weiteren Bereichen. Eine aktuelle Einführung in die Anthroposophie und das Leben ihres Begründers, eine Darstellung spiritueller Sichtweisen auf Mensch und Welt und nicht zuletzt ein Vorschlag für die Integration von Geist und Natur.

János Darvas
Gotteserfahrungen
Perspektiven der Einheit.
Anthroposophie und der Dialog der Religionen
144 Seiten, Broschur (2009), ISBN 978-3-924391-41-6

Der Autor sucht das Gespräch zwischen den Religionen. Dieses Buch zeigt, dass über gegenseitige Toleranz hinaus ein Dialog umso mehr gelingen kann, als nicht über festgelegte Formen gesprochen wird, sondern über nachvollziehbare Erkenntnisprozesse und zentrale spirituelle Erfahrungen des Göttlichen, die in den Religionen unterschiedliche Ausdrucksweisen finden. Die vorliegende Arbeit bringt in diesem Sinne vor allem Judentum, Christentum und Islam sowie den Buddhismus miteinander in Beziehung.

Christian Grauer

Am Anfang war die Unterscheidung

Der ontologische Monismus. Eine Theorie des Bewusstseins im Anschluss an Kant, Steiner, Husserl und Luhmann

120 Seiten, Broschur (2007), ISBN 978-3-924391-37-9

Die Spaltung von Subjekt und Objekt, von Idee und Wirklichkeit, von Sein und Bewusstsein beherrscht seit jeher das westliche Denken. In einem mutigen Entwurf zeigt die vorliegende Studie einen Weg, diese Gegensätze in Form eines ontologischen Monismus' auf ihre ursprüngliche Einheit zurückzuführen. Anknüpfend an Kant, Husserl, Steiner und Luhmann entwickelt der Autor einen eigenständigen Ansatz der Bewusstseinsphänomenologie, welcher auf philosophischer Basis zu Perspektiven für die letzten Fragen gelangt: Warum ist überhaupt etwas? Gibt es einen Grund aller Erkenntnis? Damit wird das Buch gleichzeitig eine erkenntnistheoretische Grundlegung für die Erfahrung der spirituellen Einheit von Mensch und Welt.

Axel Ziemke

Im Netzwerk der Unsterblichkeit

Ist Reinkarnation möglich? Ein Biochemiker und ein Philosoph im Selbstgespräch über Gehirn, Bewusstsein und geistige Welten

160 Seiten, gebunden (2007), ISBN 978-3-924391-36-2

Dieses Buch ist vieles in einem: eine Abhandlung über die Unsterblichkeit der Seele, eine Einführung in die moderne Hirnforschung und ein Abriss der Philosophiegeschichte von Plato bis Hegel und Steiner. Vor allem aber ist es auf hohem Niveau eine unterhaltsame Selbstbefragung in der Tradition des Sokratischen Dialogs zwischen zwei Seelen, der naturwissenschaftlichen und der philosophisch-spirituell geprägten Neigung, die sich in der Brust des Autors gefunden haben und miteinander streiten. Im Ergebnis öffnet sich für die alte Frage nach der Möglichkeit von individueller Reinkarnation (Wiedergeburt) ein überraschend neuer Horizont – nirgends anders als auf dem Gebiet der neurologisch basierten Kognitionsforschung.

INFO3
VERLAG

Info3-Verlagsgesellschaft Brüll & Heisterkamp KG
Kirchgartenstr. 1, 60439 Frankfurt am Main

Tel. 069 - 58 46 47
Fax: 069 - 58 46 16
E-Mail: vertrieb@info3.de
www.info3-verlag.de

MIX
Papier aus verantwortungsvollen Quellen
FSC® C083411
FSC
www.fsc.org